완벽주의자를 위한
행복 연습

탈 벤 샤하르 지음
노혜숙 옮김

완벽주의자를 위한 행복 연습

The Pursuit of Perfect

하버드대 역사상
최고의 행복 심리학

완벽주의자를 위한
행복학 강의

지난 수년간 나는 하버드대학에서 행복에 대한 강의를 해왔다.

대학에서 가르치는 사람 대부분이 그렇듯이, 처음에는 개인적인 관심으로 시작한 공부가 결국 나의 전공과목이 되었다. 나는 성공했지만 불행한 스쿼시 선수로 몇 년을 보냈고, 그 다음에는 우수하지만 불행한 학생으로 지내면서 행복에 대해 생각하기 시작했다. 내가 왜 불행한 것인지 그 이유를 알아야겠다는 생각이 당시 처음 생겨난 긍정심리학 분야로 나를 이끌었다. 정통 심리학이 대부분 신경증, 우울증, 불안에 초점을 맞춘다면, 긍정심리학은 개인과 조직과 공동체를 행복하게 하는 조건에 초점을 맞춘다. 간단히 말해, 긍정심리학은 행복학이다.

나는 긍정심리학을 연구하면서 개인적으로 많은 도움을 받았다.

내가 배운 것을 다른 사람들에게 나누어주고 싶었다. 행복이라는 주제에 사람들이 관심이 많다는 것은 익히 알고 있었지만, 내가 의미 있고 행복한 삶을 사는 법에 대해 글을 쓰고 강의를 하기 시작했을 때 사람들이 보여준 관심은 예상을 훌쩍 뛰어넘는 것이었다. 상하이의 기업가에서 캔버라의 정치 지도자, 뉴욕의 10대 문제아, 케이프타운의 언론인, 파리의 교사에 이르기까지 다양한 독자들이 보낸 편지와 학생들과의 대화, 세미나에서의 토론을 통해 나는 사람들이 자신의 삶을 개선하고 공동체의 행복을 증진하기 위해 얼마나 열심히 노력하고 있는지 알게 되었다.

시간이 흐르면서 그 모든 다양한 그룹들이 또 다른 공통점을 갖고 있다는 것을 알게 되었다. 그들은 행복한 삶에 대한 관심과 함께 스스로 행복해지는 것을 방해하는 문제점들을 갖고 있었다. 그중에서도 가장 큰 문제점은 행복할 뿐 아니라 동시에 완벽한 삶을 살고 싶다는 염원이었다.

행복에 대해 토론하다 보면 다소 놀라운 두 가지 반응을 반복해서 마주하게 된다. 첫째, 사람들은 '종종' 행복하지 않다고 말한다. 하지만 좀 더 자세히 들여다보면, 사실 그 말은 '항상' 행복하지 않다는 뜻이다. 둘째, 사람들은 나와 같은 행복 전문가는 매 순간순간 기쁨에 넘칠 거라 생각한다. 내가 두려움이나 실망감에 대해 이야기하면 그들은 깜짝 놀라면서 나는 어떤 시련 속에서도 행복할 거라 믿었다고 말한다. 사람들이 이러한 두 가지 반응을 보이는 이유는 진정으로 행복한 사람은 슬픔, 두려움, 불안을 느끼지 않으며 실패와 좌절에도 끄떡 없을 거라고 생각하기 때문이다. 세대와 대륙과 문화를 초월해서 사람들이 공통으로 갖고 있는 이런 생각에서 나는 또 다른 놀라운 사실을 깨달았다. 나는 완벽주의자들에게 둘러싸여 있었던 것이다!

나는 한동안 완벽주의자로 살았지만 완벽주의가 그렇게 널리 퍼져 있는지는 몰랐다. 내가 만나본 완벽주의자들은 자신을 완벽주의자라고 말하지 않았고 완벽주의자처럼 보이지도 않았다. 하지만 정도의 차이는 있을지 몰라도 그들이 생각하고 행동하는 방식은 완벽주의자의 정의에 정확하게 들어맞았다. 게다가 그들은 모두 이런저런 방식으로 완벽주의 때문에 폐해를 겪고 있었다.

이 책은 완벽주의의 실체를 밝혀내고 어떻게 그로 인한 부작용을 극복하며 좀 더 행복한 삶을 만들어갈 수 있는지에 관한 내용을 담고 있다. 전작인 『해피어』처럼 이 책 역시 워크북이다. 따라서 이 책을 최대한 유익하게 활용하기 위해서는 소설을 읽듯 단숨에 읽으면 안 된다. 천천히 읽으면서 쉬었다가 다시 출발하고, 읽은 내용을 생활에 적용하며 성찰하는 시간을 가지길 바란다. 각 장이 끝날 때마다 생활에 적용할 수 있도록 나와 있는 행복 트레이닝Happy Training은 혼자 할 수도 있고 여러 사람이 함께할 수도 있다. 따라서 이 책은 개인뿐 아니라 자기계발에 관심을 둔 독서 모임이나 좀 더 가까워지기를 원하는 연인들에게도 도움이 될 것이다.

PART 3

완벽을
넘어
최적으로

당신은 지금 행복한가요?

겨울의 한복판에서 나는 마침내 내 안에 굴복하지 않는
여름이 있다는 것을 알았다.
— 알베르 카뮈 —

실패에 대한 극도의 불안감

1월 중순이었다. 나는 급하게 하버드 교정을 가로질러 캠퍼스 건너편에 서 있는 근엄한 심리학과 건물을 향해 갔다. 주변의 사물은 아무것도 눈에 들어오지 않았다. 나는 교수실에 도착해서 닫혀 있는 문 앞에 섰다. 눈을 치켜뜨고 성적 일람표에서 학번을 찾아 칸마다 확인하며 읽어 내려갔다. 모든 것이 흐릿하게 보였다. 불안감이 내 눈을 거의 멀게 만들었다.

대학에서 보낸 첫 2년은 불행했다. 언제나 머리 위에 다모클레스의 칼(언제 닥칠지 모르는 위험)이 매달려 있는 것 같은 기분이었다. '강의 시간에 중요한 말을 놓치면 어떻게 하지? 세미나에서 허점을 드러내거나 교수의 질문에 대답하지 못하면 어떻게 하지? 리포트를 제출하기 전에 서너 번 교정을 볼 시간이 없으면 어떻게 하지? 이러다가 성적이 떨어지고, 낙제하고, 내가 원하는 인생을 살지 못하게 되는 건 아닐까?'

그날 교수실 문 앞에서 나의 두려움은 현실이 되었다. A를 받지 못한 것이다. 그 길로 나는 방으로 돌아가 문을 잠가버렸다. 실패를 좋아하는 사람은 아무도 없다. 하지만 실패에 대해 정상적인 거부감을 느끼는지 극심한 두려움을 느끼는지에 따라 차이가 생긴다. 실패하지 않겠다는 생각은 필요한 예방조치를 취하고 성공하기 위해 좀 더 열심히 노력하게 한다. 반면, 실패에 대한 극심한 두려움은 종종 성장에 필요한 모험을 할 수 있는 용기를 꺾어버린다. 그 결과 능력을 마음껏 발휘할 수 없을 뿐 아니라 전반적인 정신건강에도 문제가 생긴다.

인생에서 실패는 불가피한 것으로 결국 성공에 도움을 준다. 우리는 넘어지면서 걸음마를 배우고, 옹알이를 하면서 말을 배우고, 실투하면서 슈팅을 배우고, 비뚤비뚤 색칠하면서 그림을 배운다. 실패를 극도로 두려워하는 사람들은 결국 잠재력을 충분히 발휘할 수 없다. 실패를 하지 않으면 배울 수 없다.

고통스러운 감정에 대한 거부

10년 뒤 어느 날 나는 하버드대학 학부 기숙사인 레버릿 하우스의 식당에서 점심을 먹고 있었다. 10월이었고 가을 학기 중이었으며 창문 밖으로 보이는 나무들은 눈부시게 밝은 주황색, 붉은색, 노란색으로 옷을 갈아입고 있었다. 자연의 순리를 거스르지 않으면서 더욱 아름다운 색조로 변하는 단풍나무들은 경이로웠다.

"선생님, 같이 앉아도 될까요?"

상급반 학생인 맷이었다. 나는 입에 음식을 한가득 물고 고개를 끄덕이며 미소를 지었다.

"행복에 대해 강의를 하신다고 들었어요."

맷이 맞은편에 앉으면서 말했다.

"그래, 긍정심리학에 대해 강의를 하고 있어."

나는 새로 시작한 강의에 대해 그에게 자세히 말해주고 싶었다. 그런데 내가 말을 잇기 전에 맷이 끼어들었다.

"그런데, 조심하셔야 할 거예요. 제 룸메이트 스티브가 선생님 강의를 듣고 있거든요."

"조심하라고? 왜?"

나는 스티브에 관한 은밀한 비밀을 듣게 되기를 기대하며 물었다.

"왜냐하면요."

그가 대답했다.

"만일 선생님이 불행해 보이면 제가 스티브에게 일러바칠 거니까요."

맷은 분명히 농담을 한 것이었다. 아니, 적어도 농담 반 진담 반이었다. 하지만 그가 한 말의 배경에는 진지한 가정이 있었다. 첫째, 행복한 삶은 언제나 긍정적인 감정들로 이루어진다. 둘째, 질투나 분노, 실망이나 슬픔, 두려움이나 불안을 느끼는 사람들은 행복하지 않다. 하지만 사실 불편한 감정을 느끼지 못하는 사람이야말로 사이코패스다. 그리고 죽은 자들이다. 실제로 이따금 이런 감정을 느끼는 것은 좋은 신호다. 사이코패스도 아니고 확실하게 살아 있다는 증거이기 때문이다.

역설적이지만 고통스러운 감정을 느끼지 못하면 행복을 느낄 수 있는 능력도 제한된다. 우리가 느끼는 모든 감정은 같은 경로를 따라 흐르므로 고통스러운 감정을 차단해버리면 간접적으로 즐거운 감정까지 차단된다. 또한 고통스러운 감정은 가두어두면 점점 확대되고 강력해진다. 그렇게 억눌린 감정은 결국 어떤 식으로든 터지게 되는데, 그때는 꼼짝없이 감정에 휘말릴 수밖에 없다.

고통스러운 감정은 인간이 느끼는 경험의 일부이다. 따라서 그런 감정을 거부하는 것은 궁극적으로 인간성의 일부를 거부하는 것이다. 충만하고 충실한 삶, 즉 행복한 삶을 살기 위해서는 인간이 누릴 수 있는 모든 감정을 느낄 수 있어야 한다. 다시 말해, 우리 자신에게 인간적인 감정을 허락해야 한다.

성공을 즐기지 못하는 비극

알래스데어 클레이어의 삶은 완벽해 보였다. 그는 옥스퍼드대학에서 촉망받는 학생이었고 유명한 학자가 되어 영국 여왕으로부터 나이트 작위와 상패와 연구비를 받았다. 그는 상아탑 안에 머물지 않고 소설과 시집을 출간했으며 직접 작곡한 곡이 포함된 두 장의 앨범을 녹음했다. 또한 중국에 관한 12부작 텔레비전 시리즈인 「용의 심장The

Heart of the Dragon」을 집필하고 감독하여 배급하기도 했다.

「용의 심장」 시리즈는 에미상을 받았지만 클레이어는 상을 받는 자리에 나오지 않았다. 그 시리즈를 완성하고 나서 얼마 지나지 않아 48세의 나이에 클레이어는 달리는 기차에 뛰어들어 생을 마감했기 때문이다.

그가 자신이 에미상을 받게 될 거라는 사실을 알았다면 뭔가 달라졌을까?

그의 미망인은 이렇게 말했다.

"에미상은 성공의 상징으로 그에게 중요한 의미가 있었을 겁니다. 아마도 그가 상을 받았다면 자긍심을 느꼈겠죠. 하지만 이미 그는 에미상보다 더 영광스러운 성공의 상징들을 많이 받았어요. 그 무엇도 그를 만족하게 할 수 없었어요. 뭔가를 해낼 때마다 그에게는 새로운 것이 필요했죠."[1]

궁극적으로 클레이어는 자신이 해낸 어떤 일도 충분히 훌륭하다고 생각하지 않았다. 그는 분명히 크게 성공했음에도 스스로 그렇게 생각하지 않았다. 그렇다면 그는 사실 성공을 거부한 것이나 다름없다. 첫째, 그는 계속해서 거의 실현이 불가능한 기준에 비추어 자기 자신을 평가했다. 둘째, 거의 불가능해 보이는 기준에 도달했을 때조차 재빨리 자신의 성공을 하찮은 것으로 여기고 또 다른 불가능한 꿈을 향해 달려갔다.

성공에 대한 욕망은 우리 본성의 일부다. 많은 사람이 입신출세와 더 높은 사회적 지위를 위해 노력한다. 꿈을 크게 가지면 실제로 큰 보상을 받을 수도 있다. 하지만 성공적이면서 충만한 삶을 살기 위해서는 성공에 대한 기준이 현실적이어야 하며 우리가 달성한 것에 대해 기뻐하고 감사할 수 있어야 한다. 현실을 바탕으로 꿈을 꾸고 우리가 노력해서 이루어낸 것의 가치를 인정해야 한다.

완벽주의자의 세 가지 특성

지금까지 세 가지 이야기는 서로 다르면서도 관련이 있는 완벽주의의 세 가지 측면–실패에 대한 거부, 고통스러운 감정에 대한 거부, 성공에 대한 거부–을 보여준다. 우리는 주변에서 그리고 종종 우리 자신에게서 완벽주의의 이러한 측면들이 불러오는 폐단을 보곤 한다.

완벽주의인 학생은 실패에 대한 극도의 두려움 때문에 새로운 도전을 하지 않고 모험을 멈춰버린다. 이 때문에 배우고 성장하는 능력이 감소한다. 완벽주의인 직장인은 완벽한 결과를 확신하지 못하면 시작조차 하지 않고 미적거린다. 그 결과, 확실하고 안전해서 평범하기 짝이 없는 선택에 밀려 혁신적인 아이디어가 사장된다.

이와 같은 행동은 실패에 대한 두려움을 표현하는 데서 끝나지 않는다. 때때로 우리는 이 두려움을 내면으로 돌린다. 어떤 사람들은 시련에 직면하더라도 씩씩한 태도를 잃지 않고, 객관적인 현실과 무관하게 언제나 낙관적이며, 충격을 받고 비극을 겪은 후에도 언제 그랬느냐는 듯이 오뚝이처럼 일어난다. 이러한 긍정적인 태도와 탄력성은 분명히 행복에 기여한다. 반면, 행복한 삶에 집착해서 고통스러운 감정을 거부하면 결국 불행해질 수밖에 없다. 부정적인 감정들을 피하려고 하면 오히려 행복에서 멀어진다.

완벽주의가 실패와 고통스러운 감정을 거부하는 데는 분명한 이유가 있어 보인다. 그러니 완벽주의가 성공을 거부한다는 것은 잘 이해하기 어렵다. 하지만 클레이어의 예를 보면 이해할 수 있다. 클레이어가 자신의 업적을 모두 하찮게 여기고 자신의 성공에서 자부심을 느낄 수 없었던 이유는 극심한 완벽주의 때문이었다. 만일 우리가 클레이어처럼 인생의 꿈을 완벽한 삶으로 설정하면 결국 실망할 수밖에 없다. 그런 꿈은 현실에서 이루어질 수 없기 때문이다.

건강한 완벽주의와 신경증적인 완벽주의

오랫동안 심리학자들은 완벽주의를 일종의 신경증으로 생각했다.

1980년 심리학자 데이비드 번스는 완벽주의자를 "불가능하거나 터무니없이 높은 기준을 추구하는 사람, 강박적으로 끊임없이 불가능한 목표를 지향하는 사람, 자신의 가치를 전적으로 생산성과 업적으로 측정하는 사람"이라고 기술했다.[2] 최근 심리학자들은 완벽주의를 좀 더 복잡하게 보기 시작했고 단순히 부정적으로만 생각할 수 없는 면에 대해 연구하기 시작했다. 그들은 완벽주의가 우리를 분발하게 하고 개인적인 기준을 높게 정하게 한다는 점에서 유익할 수 있다고 말한다.

따라서 오늘날 심리학자들은 현실적이고 건강한 긍정적인 완벽주

의와 비현실적이고 신경증적인 완벽주의를 구분하고 있다.[3] 나는 이
두 가지 완벽주의가 근본적으로나 실적으로 큰 차이가 있다고 보기
때문에 완전히 다른 이름으로 부르기를 좋아한다. 이 책에서 나는 부
정적 완벽주의를 그냥 완벽주의Perfectionism, 긍정적 완벽주의를 최적주의
Optimalism라고 지칭할 것이다.[4]

옥스퍼드 영어 사전에서는 최적Optimal의 의미를 "어떤 상황에 가장
적당한 조건을 갖추고 있는"이라고 정의한다. 사실 우리는 모두 일상적
으로 최적의 조건을 발견하려고 노력하고 있다. 예를 들어, 우리는 어
느 날 우리에게 주어진 시간을 최대한 활용하거나 갖고 있는 돈으로
가장 좋은 집을 사려고 한다. 하루는 24시간이며 우리가 쓸 수 있는
돈은 제한되어 있다는 현실적인 제약을 인정하고 그러한 현실에 맞게
삶을 꾸려가는 것이다.

심리학자들은 긍정심리학을 "최적의 인간 기능에 대한 학문적 연
구"라고 정의한다.[5] 그들은 인간이 본래 부족한 존재이며 현실과 타협
해야 하고 모든 것을 가질 수는 없는 존재라고 생각한다. 따라서 긍정
심리학이 해결하고자 하는 근본적인 질문은 "우리에게 가능한 최고의
삶은 어떤 것인가?"이다. 긍정심리학은 최적의 조건에 초점을 맞춘다
는 점에서 종종 우리에게 완벽한 삶을 상상하고 열망하게 하는 자기
계발과는 전혀 다르다.

완벽주의와 최적주의의 중요한 차이점은 전자는 본질적으로 현실
을 거부하는 반면 후자는 현실을 받아들인다는 것이다. 이 둘의 차이

는, 나중에 자세히 설명하겠지만, 실패와 고통스러운 감정, 그리고 성공을 인식하고 반응하는 방식에 있다.

완벽주의자는 어떤 목표를 향해 가는 길이나 인생 전체가 아무런 장애물이 없는 탄탄대로이길 기대한다. 그렇지 않으면, 예를 들어 어떤 일에서 실패하거나 무언가가 마음먹은 대로 되지 않으면 극도로 실망하고 당황한다. 반면 최적주의자는 실패를 삶의 일부이자 성공과 밀접하게 연결된 경험으로 받아들인다. 예를 들어 원하는 직장에 취업하지 못하거나 배우자와 말다툼하는 것은 충만하고 충실한 삶의 일부라는 것을 이해한다. 우리는 그런 경험을 통해 더욱 강해지고 더욱 회복 탄력성이 강한 사람이 된다. 내가 대학을 다닐 때 불행했던 이유는 실패를 받아들이지 않았기 때문이다.

완벽주의자는 행복한 삶이란 긍정적인 감정들이 물 흐르듯 계속 이어지는 것이라고 믿는다. 그리고 당연히 행복해지기를 원하기 때문에 고통스러운 감정을 거부한다. 취업에 실패했을 때의 실망감이나 가까운 사람과 헤어졌을 때 느끼는 슬픔을 허락하지 않는다. 반면 최적주의자는 고통스러운 감정을 불가피한 삶의 일부로 받아들인다. 그리고 그러한 감정들을 통해 삶에 대한 이해가 깊어진다. 내가 불행해 보이면 자신의 룸메이트에게 일러바치겠다고 농담했던 맷은 행복을 가르치는 사람이라면 일주일 내내 하루 24시간 기쁨으로 얼굴이 빛나야 한다고 생각했다. 맷의 생각은 비현실적일 뿐 아니라 불행의 씨앗이다.

완벽주의자는 결코 만족할 수 없다. 현실적으로 달성할 수 없는 기준과 목표를 세우기 때문에 처음부터 성공할 가능성을 거부하는 셈이다. 학교 성적이 아무리 좋고 직위가 아무리 높이 올라가더라도 무엇을 달성하든지 기쁨을 느낄 수 없다. 아무리 돈을 많이 벌어도, 훌륭한 배우자를 만나도, 동료로부터 높은 평가를 받아도 충분하지 않다. 완벽주의자의 삶에는 성공이란 있을 수 없다. 객관적인 성공과는 상관없이 스스로 성공했다고 느끼지 못하기 때문이다. 최적주의자 역시 높은 기준을 정한다. 하지만 그는 성공의 기준을 현실에 바탕을 두기 때문에 달성할 수 있다. 따라서 최적주의자는 완벽주의자와는 달리 목표를 달성할 때 성공에 대한 진정한 만족과 자부심을 느낀다.

완벽주의자는 현실을 거부하고 대신 환상의 세계에서 산다. 그가 사는 세계에는 실패나 고통스러운 감정은 없다. 그들의 성공 기준은 아무리 비현실적이라고 해도 충족시켜야 하는 것이다. 그 결과, 매우 값비싼 감정적 대가를 치른다. 실패를 거부하므로 언제 실패할지 모른다는 불안감에 시달린다. 고통스러운 감정을 거부하고 억누를수록 오히려 더 큰 고통을 겪는다. 현실 세계의 한계와 제약을 거부하므로 비현실적이고 달성 불가능한 성공 기준을 정한다. 당연히 그 기준에 이를 수 없다. 결국 끊임없이 좌절과 자괴감만 맛본다.

반면 최적주의자는 현실을 받아들인다. 현실 세계에는 어느 정도의 실패와 슬픔이 불가피하며 성공은 실제로 달성 가능한 기준에 따라 평가해야 한다는 것을 인정한다. 그 결과, 그들은 실패를 좋아하지는 않지만 자연스럽게 받아들이기 때문에 불안감을 덜어내며 삶을 좀 더 즐기며 살아간다. 고통스러운 감정을 삶의 불가피한 부분으로 받아들이므로 감정을 억눌러서 더욱 심화시키지 않는다. 경험에서 배우고 앞으로 나아간다. 현실의 한계와 제약을 인정하므로 실제로 달성 가능한 목표를 정하고, 그 결과 성공하고 감사하고 기뻐할 수 있다.

완벽주의자	최적주의자
실패를 거부한다.	실패를 받아들인다.
고통스러운 감정을 거부한다.	고통스러운 감정을 받아들인다.
성공을 거부한다.	성공을 받아들인다.
현실을 거부한다.	현실을 받아들인다.

본질적으로 완벽주의자는 부족함이나 실패가 없는 이상적인 삶에서 벗어나는 것은 무엇이든 거부하고, 그 결과 스스로 정한 비현실적인 기준을 충족시키지 못할 때마다 괴로워한다. 반면, 최적주의자는 삶이 주는 모든 것을 받아들이고 최대한 활용한다.

완벽주의는 내가 글로 쓰거나 가르치는 여러 주제 중 가장 마음에 와닿는 주제다. 왜냐하면 내가 오랜 시간 나 자신의 파괴적인 완벽주의 성향과 싸워왔기 때문이다. 그런 만큼 학생들에게서 종종 완벽주의에 관한 강의에 공감한다는 말을 들을 때 무척 뿌듯하다. 심리학자 칼 로저스가 언젠가 말했듯이, "가장 개인적인 것이 가장 일반적"이다.

나 자신, 그리고 나의 학생들이 느낀 것처럼 독자들도 이 책에서 위안과 도움을 받길 희망한다. 이 책에는 이런저런 나의 경험담뿐 아니라 다른 사람들의 여러 일화가 실려 있다. 그 이야기들이 이 책의 바탕이 되는 학문 연구와 과학적 증거에 생기를 불어넣어 읽는 재미를 더해줄 것이다.

PART 1

불행한 완벽주의자
행복한 최적주의자

실패 없는
성공은 없다

사람이 저지르는 최대의 실수는
실수를 두려워하는 것이다.
– 엘버트 허바드 –

1987년 5월 31일 저녁, 나는 이스라엘 전국 스쿼시 선수권 대회에서 최연소 챔피언이 되었다. 우승한 순간, 나는 가슴이 벅차고 무척 행복했다. 하지만 3시간 정도 지나자 그 성취가 별로 중요하지 않다는 생각이 들었다. 무엇보다 스쿼시는 이스라엘을 대표하는 스포츠가 아니었고 선수도 몇천 명에 불과했다. 그렇게 적은 사람 중에서 최고가 된다는 것이 뭐 그리 대단한 일인가? 다음 날 아침 나는 좀 더 확실하고 지속적인 만족을 얻기 위해 세계 챔피언이 되어야겠다고 생각했다. 그래서 몇 주 뒤에 고등학교를 졸업하고 세계 최고의 선수가 되기 위해 짐을 싸서 세계 스쿼시의 중심지인 영국으로 떠났다. 히드로공항에 도착해서 지하철을 타고 곧바로 세계 챔피언 장셔 칸이 훈련하는 스쿼시 클럽 스트라이프스가 있는 일링 브로드웨이로 갔다. 장셔 칸은 몰랐지만 그날부터 나는 그를 사부로 모셨다.

경기장에서, 체육관에서 그리고 길에서도 나는 그가 하는 것을 그대로 똑같이 따라 했다. 그가 하는 것처럼 매일 아침 클럽에 가기 전에 11킬로미터씩 달리기를 했다. 그가 하는 것처럼 경기장에서 몇 명의 트레이닝 파트너와 연습 경기를 하고 코치에게 훈련을 받으면서 몇 시간씩 보냈다. 오후에는 그가 하는 것처럼 1시간 동안 근력 운동을 하고 다시 1시간 동안 스트레칭을 했다.

세계 챔피언이 되기 위한 목표 첫 단계는 하루빨리 실력을 키워서 장셔 칸의 정식 트레이닝 파트너가 되는 것이었다. 나는 실제로 실력이 향상되었고, 영국에 간 지 6개월 만에 장셔 칸에게서 그의 정식 파트너 중에 결원이 생길 때마다 경기를 함께해달라는 초대를 받았다. 몇 달 뒤에는 그의 정식 파트너가 되어 장셔 칸과 매일 함께 훈련을 했다. 또한 그가 선수권 대회에 나갈 때마다 따라다니며 시합 전에 준비운동을 도와주거나 시합이 끝난 후에 그가 너무 힘들지 않으면 함께 연습 경기를 했다. (대부분의 시합이 그에게는 힘들지 않았다).

나의 기량은 일취월장했으나 그에 따른 대가를 치러야만 했다. 장셔 칸은 '점진적으로' 연습 경기의 강도를 높여왔지만 나는 빠르게 실력을 키우기 위하여 내 수준에 맞지 않는 강도로 무리한 훈련을 해왔다. 내가 처음 영국에 도착했을 때 나에게는 두 가지 선택밖에 없었다. 세계 챔피언처럼 훈련하든지 아니면 꿈을 포기하는 것이었다. 모 아니면 도였다. 장셔 칸의 훈련 강도에 비하면 내가 해온 훈련은 보잘것없었다. 어쨌든, 나는 세계 챔피언이 되기 위해서는 현재 내 상태와는 상관없이 세계 챔피언이 하는 것처럼 똑같이 해야 한다고 생각했다.

하지만 몸이 따라주지 않았다. 점차 부상당하는 횟수가 잦아졌다. 처음에는 허벅지 인대가 늘어나거나 등이 아프거나 무릎이 쑤시는 것처럼 2~3일 정도 휴식을 취하면 회복되는 가벼운 부상이었다. 잦은 부상에도 나는 내 방법을 고집했다. 세계 챔피언이 하는 것처럼 훈련을 하면서 실력이 계속 좋아지고 있었기 때문이다.

하지만 나를 당혹스럽게 하는 문제가 하나 있었다. 바로 내가 연습 경기보다 정식 시합에 훨씬 더 약하다는 점이었다. 나는 연습하는 동안에는 아무 문제 없이 몇 시간씩 집중할 수 있었다. 하지만 시합이 가까워지면 안절부절못하면서 밤에 잠을 이루지 못하는 바람에 정작 경기장에서 제 실력을 발휘하지 못했다. 중요한 경기에서나 중요한 순간에 종종 부담감에 짓눌리곤 했다.

런던에 간 지 1년 만에 나는 청소년 메이저 대회의 결승전에 올랐다. 최상위권 선수들을 모두 물리치고 결승전에 올랐으므로 무난히 우승할 수 있을 것으로 예상했다. 코치가 지켜보고 있었고 친구들은 응원을 하고 있었으며 지방 신문사 기자가 나와 스쿼시계에 샛별로 떠오르는 선수를 전 세계에 소개할 준비를 하고 있었다. 첫 두 경기에서 수월하게 이기고 두 점만 더 얻으면 승리를 굳히게 되는 순간이었다. 그런데 바로 그 순간, 갑자기 발에 쥐가 나더니 다리와 팔에도 쥐가 났다. 결국 나는 결승전에서 지고 말았다.

연습할 때는 아무리 힘들어도 쥐가 난 적이 한 번도 없었다. 이건 분명히 심리적 압박 때문이었다. 그 순간, 그리고 다른 많은 상황에서 매번 나를 승리의 문턱에서 아래로 끌어내린 것은 실패에 대한 극심한 두려움이었다. 나는 세계 챔피언을 향해 가는 길에 실패는 있을 수 없다고 생각했다. 세계 챔피언만이 유일하게 달성할 가치가 있는 목표였으며 그 목표를 향해 가는 길은 가장 빠른 지름길이어야 했다. 직선 코스가 아닌 다른 길을 선택할 여지가 전혀 없었다.

하지만 그런 내 생각과는 달리 몸이 말을 듣지 않았다. 2년 동안 쉬지 않고 숨 가쁘게 달려온 끝에 점차 심각한 부상을 입었다. 한번 부상을 입고 나면 회복하기까지 며칠이 아니라 몇 주일씩 걸렸다. 분명히 몸이 내게 던지는 경고의 신호였음에도 나는 계속 고된 훈련 방식에 매달렸다. 결국 스물한 살이라는 한창나이에 의사에게 속도를 늦추어야 한다는 강력한 조언을 듣고 세계 최고의 선수가 되겠다는 꿈을 접어야 했다. 나는 망연자실했다. 하지만 마음 한편으론 안도했다. 아니, 의사에게 고맙기까지 했다. 의사가 나의 실패에 대해 변명할 거리를 제공했기 때문이다.

나는 스쿼시 프로 선수가 되는 대신 대학에 입학했다. 나의 목표는 스포츠에서 학문으로 옮겨갔다. 그리고 운동할 때와 같은 행동과 감정과 태도로 공부했다. 나는 성적을 잘 받기 위해서는 다시 한번 모 아니면 도를 선택해야 한다고 생각했다. 모든 교재를 한 글자도 놓치지 않고 읽어야 하고 모든 리포트와 시험에서 완벽한 점수를 받아야 했다. 이 목표를 달성하기 위해 매일 밤을 새우다시피 했고, 그래도 실패할 수 있다는 불안감 때문에 리포트를 제출하거나 시험을 치르고 나면 한동안 잠을 이루지 못했다. 그 결과 대학 첫해를 거의 항상 스트레스와 불안감 속에서 보냈다.

대학에 입학할 때 나는 자연과학을 전공할 계획이었다. 나는 과학과 수학에서 항상 최고점을 받았다. 그것이 내가 계속 같은 길을 가는 이유였다. 완벽한 성적을 받을 수 있는 가장 수월한 방법이었기 때문이다. 하지만 성적이 좋아도 여전히 불행했고 점점 공부에 싫증이 났다. 그래서 인문학과 사회과학 강의를 듣기 시작했다. 처음에는 확실하고 객관적인 학문인 자연과학을 떠나 분명한 답이 없는-그리고 내게 미지의 영역인-주관적인 학문 분야로 들어가는 데 대해 확신이 서지 않았다. 하지만 변화에 대한 두려움보다는 불안감과 불행을 다스려보겠다는 바람이 더 강했으므로 2학년을 시작하면서 전공을 컴퓨터과학에서 심리학과 철학으로 바꾸었다.

그리고 나는 처음으로 데이비드 번스, 랜디 프로스트, 고든 플렛, 폴 휴잇의 완벽주의 연구를 접했다. 그리고 많은 사람이 정도의 차이는 있어도 나와 같은 문제로 씨름하고 있다는 것을 알고 다소 위안을 받았다. 처음에 나는 비현실적인 완벽주의자에서 내가 되고자 하는 현실적인 완벽주의자가 되는 방법을 찾기 위해 문헌을 뒤졌다. 여전히 지름길을 찾고 있었던 것이다. 하지만 지름길을 찾지 못하면서 점점 연구에 깊이 빠져들었고 시간이 지날수록 완벽주의와 나에 대한 이해가 깊어졌다.

완벽주의 vs 최적주의

실패를 거부하는 완벽주의자와 실패를 받아들이는 최적주의자는 본질적으로 어떤 차이가 있을까?

가장 먼저 완벽주의와 최적주의는 서로 아주 다르지 않다는 사실을 이해하는 것이 중요하다. 어떤 사람도 100퍼센트 완벽주의자나 100퍼센트 최적주의자일 수 없다. 그보다는 완벽주의와 최적주의를 동일 선상에 놓고 어느 한쪽으로 더 기울어지는지 생각해야 한다.

또한 우리는 어떤 면에서는 최적주의이고 어떤 면에서는 완벽주의일 수 있다. 예를 들어 우리 자신이나 다른 사람들이 어떤 일을 하다가 저지르는 실수에 대해서는 매우 관대하지만, 인간관계에서는 기대했던 바에 미치지 못하면 크게 실망할 수 있다. 또는 집안이 어질러져 있는 것은 받아들이지만 자녀만큼은 완벽하게 모범적인 우등생이 되길 원할 수도 있다.

일반적으로 완벽주의자는 자신이 관심을 두는 분야에서 특히 완벽주의 특성을 드러내는 경향이 있다. 예를 들어, 스쿼시가 내 삶의 중심이었을 때 나는 대회에 나갈 때마다 실패에 대한 극심한 두려움을 느꼈다. 대학에 가서 완벽주의의 초점이 바뀌자 이번에는 공부에 대해 똑같은 두려움에 사로잡혔다. 반면, 내가 즐겨하는 백개먼 게임(주사위 놀이)을 할 때는 그런 두려움이나 다른 완벽주의 증상에 사로잡히지 않는다. 그 이유는 그것이 나에게 덜 중요한 활동이기 때문이다(내 가장 친한 친구이자 백개먼 게임의 최고 맞수인 아미르와 할 때를 제외하고).

삶의 여행을 바라보는 관점

완벽주의자와 최적주의자 둘 다 같은 수준의 야망을 품고 목표를 달성하기 위해 열심히 노력한다. 그러나 결정적으로 그들은 목표 달성 과정에 접근하는 방식이 다르다.

완벽주의자는 정상을 향해 가는 여행에서 실패는 있을 수 없으며, 목표를 향해 가는 길은 똑바로 뻗어 있는 지름길이어야 한다고 생각한다. 그 과정에 방해되는 것은 무엇이든 반갑지 않은 장애물로 여긴다. 성공으로 가는 길은 실패가 없는 탄탄대로일 거라고 생각하기 때문이다.

하지만 현실은 그렇지 않다. 우리는 대부분 좋든 싫든 종종 비틀거리고 실수를 한다. 막다른 골목에 부딪치면 돌아 나와 다시 시작해야 한다. 실패 없이 성공을 이룰 수 있다고 생각하는 완벽주의자는 자신과 자신의 삶에 대해 불합리한 기대를 한다. 희망 사항을 믿고 현실에서 멀어진다.

반면, 최적주의자는 사실과 이성에 의거해서 현실에 발을 딛고 있다. 삶의 여행이 항상 순탄한 지름길이 아니며 가는 길에 불가피한 장애물과 우회로를 만날 수 있다는 것을 인정한다. 그에게 실패는 지금 있는 곳에서 원하는 곳으로 가기 위한 여행에서 불가피하게 일어날 수 있는 부분이다. 최적의 여행길은 구불구불 올라가는 나선형에 가깝다.

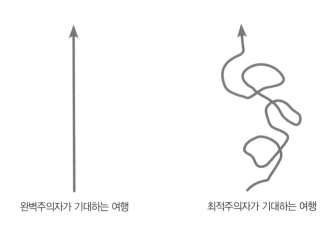

완벽주의자가 기대하는 여행   최적주의자가 기대하는 여행

무엇이 당신을 두렵게 하는가

완벽주의의 가장 두드러진 특성은 실패에 대한 두려움이다. 완벽주의자는 두려움에 의해 움직인다. 무엇보다 넘어지거나 이탈하거나 비틀거리거나 실수하지 않으려고 전전긍긍한다.[1] 사각형을 둥근 구멍에 넣으려고 하는 것처럼 실패가 불가피한 현실을 용납할 수 없는 이상에 끼워 맞추기 위해 애쓴다. 그러다가 그러한 노력이 부질없다는 사실에 직면하면 도전을 꺼리거나 조금이라도 실패할 가능성이 보이면 달아나버린다. 실제로 실패를 해서 자신의 부족함과 한계를 정면으로 마주하게 되면 좌절감에 빠지고, 그로 인해 미래에 있을 실패에 대한 두려움은 점점 더 커진다.

최적주의자 역시 실패하는 것을 좋아하지 않지만 성공하기 위해서는 실패를 피할 수 없다는 사실을 알고 있다. 심리학자인 셸리 카슨과 엘렌 랭거는 "최적주의자에게는 진로에서 벗어나는 일이 항상 부정적인 것은 아니다. 그것은 오히려 우리에게 또 다른 선택과 교훈을 제시한다"라고 말했다.[2] 최적주의자에게 실패는 피드백을 얻는 기회다. 최적주의자는 실패를 극도로 두려워하지 않으므로 실패에서 배울 수 있다. 뭔가에 실패하면 시간을 갖고 충분히 '소화해서' 문제점이 무엇인지 배운다. 그리고 다시 일어나 더욱 분발한다. 성장과 향상에 초점을 맞추며 좌절을 딛고 일어선다. 완벽주의자들처럼 포기하거나 실패에 대한 두려움 탓에 무기력해지지 않기 때문에 실제로 목표에 도달할 가능성이 훨씬 더 크다.

완벽주의자에게 최고의 삶, 그가 받아들일 준비가 되어 있는 유일한 삶은 실패가 없는 삶이다. 반면, 최적주의자는 삶에는 실패가 불가피하며, 주어진 조건에서 최고의 삶을 살기 위해서는 실패를 받아들이고 실패에서 배워야 한다는 것을 알고 인정한다.

성공하기까지의 과정을 생략한다면?

완벽주의자에게는 목표를 달성하는 것만이 중요하다. 목적지에 도착하기까지의 과정과 여행은 무의미하다. 여행은 목적지에 도착하기 위해 넘어가야 하는 장애물에 불과하다. 따라서 완벽주의자의 삶은 치열한 경쟁이다. 다음번 진급, 다음번 수상, 다음번 기록을 향해 앞만 보고 달려가느라 지금 여기서 즐길 여유가 없다. 여행을 생략할 수는 없으므로 원하는 곳에 도착하기 위해서는 어쩔 수 없이 거쳐야 하는 단계로 생각하고 가능하면 빠르고 수월하게 통과하려고 한다.

「클릭」이라는 영화에서 주인공 마이클 뉴먼은 극도의 완벽주의자다. 그는 시간을 빨리 감을 수 있는 리모컨을 손에 넣는다. 마이클의 최대 관심사는 직장에서 승진하는 것이다. 그는 리모컨을 사용해서 승진하기 위해 거쳐야 하는 모든 과정을 생략해버린다. 힘들고 고통스러운 시간뿐 아니라 아내와 사랑을 나누는 것처럼 일상적인 즐거움들까지, 최종 목표를 향해 가는 속도를 늦출 수 있다고 생각되는 것은 모두 빨리 감기를 해서 지나쳐버린다. 그는 최종 목표와 직접 관계가 없는 것은 모두 반갑지 않은 우회로라고 생각한다.

마이클은 주변 사람들에게는 정신이 멀쩡한 사람처럼 보이지만 행복을 방해하는 여행을 하지 않기 위해 리모컨을 사용한 결과 마취제를 맞은 상태가 된다. 그것도 수술의 고통을 피하고자 몇 시간 동안 마취가 되는 것이 아니라 평생의 대부분을 잠을 자는 것과 다름없이 살게 된다. 물론 할리우드 영화 속 이야기이므로 마이클은 자신이 잘못하고 있다는 것을 깨닫고 실수를 만회할 기회를 얻는다. 그는 빨리 감기를 하기보다 경험을 선택하고, 그 결과 훨씬 더 행복하고 훌륭한 사람이 된다. 하지만 현실에서 최종 목표만 바라보고 달려가느라고 중요한 모든 것을 지나쳐버리는 완벽주의자들에게는 두 번 다시 기회가 주어지지 않는다.

최적주의자는 완벽주의자와 같은 야망을 갖고 있을지 모르지만 목적지를 향해 가는 여행을 소중하게 여긴다. 가는 길에 어떤 경험은 즐겁고 바람직하며, 어떤 경험은 그렇지 못한 '우회로'를 만날 수 있다는 것을 알고 있다. 목표에 집착해서 나머지 삶을 소홀히 하지 않는다. 목적지로 가는 여행이 중요하다는 것을 이해하고 삶이 전개되는 동안 완벽히 깨어 있기를 원한다.

완벽주의 세상에는 흑백만 존재한다

완벽주의자의 세상은 표면상으로 단순하다. 옳지 않으면 그른 것이고, 좋지 않으면 나쁜 것이며 최고가 아니면 최악이고, 성공이 아니면 실패다. 물론 도덕적인 문제나 스포츠 경기에서 옳고 그름, 성공과 실패를 구별하는 것은 나름대로 가치가 있다. 하지만 완벽주의자의 문제는 다른 방식을 인정하지 않는다는 점이다. 그들에게는 중간지대나 애매하거나 복잡한 것은 없다. 심리학자 애셔 패치트는 "완벽주의자에게는 오로지 양극만 존재할 뿐이다. 그들은 중간지대가 있다는 것을 인정하지 않는다"고 말했다.[3] 그렇다. 완벽주의자는 전부 아니면 전무라는 극단적인 입장만을 취한다.

그러한 접근 방식은 여러 가지 양상으로 나타난다. 나는 스쿼시 선수로 생활할 때, 세계 챔피언이 하는 것과 똑같이 강도 높은 훈련을 하기로 마음먹었다. 그렇게 하지 않으면 전혀 훈련을 하지 않는 것이나 다름없다고 생각했다. 또한 선수권 대회에 나가면 특히 결승전에서 과

도한 부담감을 느꼈는데, 그 이유는 나의 존재 가치가 그 경기 한 번으로 결정되는 것처럼 느꼈기 때문이다. 삶을 흑백논리로 접근하는 사람은 최종 목적을 향한 지름길에서 벗어나는 것은 무엇이든, 그것이 아무리 사소한 것일지라도 비참한 실패라고 인식한다.

반면 최적주의자는 승리나 패배, 성공이나 실패, 옳거나 그름의 개념을 단지 흑백논리로 치부하는 양비론자가 아니다. 그러한 개념들의 중간에도 얼마든지 그 자체로 가치 있고 필요한 경험들이 있다는 것을 알고 있다. [4] 최적주의자는 내가 장셔 칸의 일거수일투족을 따라하면서 볼 수 없었던 것-세계 챔피언처럼 훈련하는 것과 전혀 훈련을 하지 않는 것 사이에 건강하고 적절한 다른 방식들이 많이 있다는 것-을 알고 있다. 최적주의자는 덜 완벽한 결과에서도 가치와 만족-다시 말해 행복-을 찾을 수 있다. 하지만 완벽주의자였던 나는 그럴 수 없었다.

내 안에서 싸우는 두 가지 마음

실패와 마찬가지로 비판은 우리의 부족함을 세상에 드러낼 수 있다. 완벽주의자는 전부 아니면 전무라는 접근 방식 때문에 모든 비판을 자존심을 무너트리는 위험한 공격으로 인식한다. 따라서 종종 비판에 대해 극도로 방어적인 자세를 보이면서 결국 비판에서 배울 점이 있는지 평가하지 못한다.

철학자 미니어 몰도비아누가 "우리가 진실을 원한다고 말할 때 사실은 우리 자신이 옳다는 것을 확인하려는 것"이라고 한 말은 완벽주의자에게 완벽하게 해당된다. 완벽주의자는 말로는 다른 사람들에게 배우고 싶다고 할지 모른다. 하지만 그들의 가장 큰 관심사는 실제로 자신이 옳다는 것을 증명하는 것이므로 학습을 위한 대가—결점, 부족함, 실수를 인정하는 것—는 치르지 않으려고 한다.

완벽주의자는 비판에 대해 적대적이고 방어적인 행동이 성공에 해가 된다는 사실을 알고 있다. 하지만 그런 행동을 바꾸지 못하는 이유는 자기 자신과 세상을 이해하는 방식에 문제가 있기 때문이다.

완벽주의자를 방어적으로 만드는 두 가지 특별한 심리 기제가 있는데, 첫째는 자기 향상self-enhancement이고 둘째는 자기 확인self-verification이다.[5] 자기 향상이란 우리 자신을 더 나은 사람으로 보이고 싶어 하는 욕망이다. 자기 확인은 우리 자신을 있는 그대로, 또는 우리가 알고 있는 우리 자신을 보여줌으로써 우리 자신을 올바로 인식시키고자 하는 욕망이다. 이 두 가지 기제는 종종 충돌한다.

예를 들어, 자존감이 낮은 사람은 다른 사람들에게 잘 보이고 싶어 하는(자기 향상) 동시에 스스로 생각하는 것처럼 자신을 부정적으로 보이려고 한다(자기 확인). 한편으로는 자신의 가치를 알아주기를 원하면서 다른 한편으로는 열등감으로 인해 스스로 무가치하게 느끼기 때문에 자신을 있는 그대로 보여주기 위해 다른 사람들에게 무가치하게 보이기를 원한다. 자기 향상과 자기 확인은 강력한 내면의 욕망이고, 그 두 가지가 충돌할 때 어느 쪽이 이기는지는 개인과 상황에 따라 달라진다.

완벽주의자의 경우에는 자기 확인과 자기 향상이 만나 극도로 방어적이 된다. 다른 사람들에게 잘 보이기를 원하므로(자기 향상) 자신의 결점을 드러낼 수 있는 비판을 피하려고 한다. 완벽주의자가 보는 자신의 이미지—유일하게 참고 견딜 수 있는—는 부족함이 없으며, 그런 이미지를 다른 사람들에게 보여주기 위해 모든 노력을 다한다(자기 확인). 어떤 대가를 치르더라도 자신이 완벽하지 않다는 사실을 드러낼 수 있는 비판을 막으려고 한다.

반면 최적주의자는 비판에 대해 열려 있다. 뭔가를 시도해서 성공했을 때나 실패했을 때, 또는 칭찬이든 비판이든 다른 사람들이 주는 피드백의 가치를 인정한다. 자신의 결함에 대해 지적받는 것을 좋아하지 않더라도, 마음을 열고 진지하게 그 비판이 타당한지를 평가하고 무엇을 배우고 어떻게 개선할 것인지 생각한다. 피드백의 가치를 인정하고 적극적으로 피드백을 구하며 자신의 장단점을 지적해주는 사람들에게 감사할 줄안다.

어디에 초점을 맞추느냐에 따라 결과가 달라진다

헨리 데이비드 소로는 "불평꾼은 천국에 가도 불평을 한다"고 말했다.[6] 완벽주의자는 실패에 대한 강박증으로 물 잔을 볼 때 빈 공간에 초점을 맞춘다. 전부 아니면 전무라는 생각을 가진 완벽주의자에게 물이 가득 차지 않은 잔은 완벽히 비어 있는 것으로 보인다. 어떻게든 부족한 면을 찾아내서 그것을 확대해서 보는 것이다. 일직선으로 가는 여행이 가능하며 실패는 피할 수 있다는 환상을 갖고 있으므로 끊임없이 이상적인 길에서 벗어나는 결함과 부족함에 주목한다. 당연히 아무리 성공을 해도 부족함과 결함이 그가 달성한 모든 업적에 어둠을 드리운다. 그러니 천국에서도 결함을 찾아낼 수밖에 없다.

"이 세상은 마음먹기에 따라 지옥이 될 수도 있고 천국이 될 수도 있다"는 랠프 월도 에머슨의 말처럼 세상을 어떻게 해석하고 어디에 초점을 맞추는지가 큰 차이를 만들어낸다.[7] 예를 들어 완벽주의자는 자신이 운동이나 학업 등 원하는 분야에서 성공을 이루지 못하면 세상이 끝난 것처럼 여기고 더 이상 아무런 도전도 하지 않는다. 반면 최적주의자는 실패를 경험할 때 실망도 하지만 오히려 그것을 학습 기회로 생각하며 더욱 분발한다. 또 최적주의자는 어떤 상황에서든 단점보다 장점을 찾는다. 그래서 먹구름 속에서 한줄기 빛을 발견하고, 좋지 않은 레몬으로 레모네이드를 만들며, 인생에서 밝은 면을 보는 등 좌절을 기회로 만든다.

하지만 최적주의자가 어떤 상황에서도 잠재적인 가능성에 초점을 맞춘다고 해서 모든 부정적인 사건에 긍정적인 면이 있다고 생각하는 것은 아니다. 세상에는 많은 잘못이 있고 상황에 따라 부정적으로 반응하는 것이 적절할 때가 있다. 부정적인 것을 전혀 보지 못하는 것은 순진한 낙천주의자이며 세상을 부정적으로만 보는 사람과 마찬가지로 비현실적이다.

한편 완벽주의자와 최적주의자의 관점의 차이는 자기 자신과 다른 사람을 대하는 부분에서도 뚜렷하게 보인다. 완벽주의자는 잘못은 피할 수 있는 것이므로 스스로 책임을 지기 위해 자신에게 가혹해져야 한다고 여긴다. 책임을 진다는 개념을 지나치게 극단적으로 몰고 가는 것이다.

최적주의자는 실수를 했을 때 책임을 지고 실패에서 배운다. 실수와 실패는 불가피하다는 사실을 받아들인다. 따라서 실패에 대해 훨씬 관대하고 실패한 자신을 용서한다.

완벽주의자의 가혹함과 최적주의자의 관대함은 다른 사람들과의 관계로까지 확대된다. 자신을 대하는 것처럼 다른 사람들을 대하는 것이다. 자신에게 친절하고 동정적이면 다른 사람들에게도 친절하고 동정적이다. 반대로, 자신에게 가혹하면 다른 사람들에게도 가혹하다.

길은 내가 만들어가는 것이다

완벽주의자가 원하는 곳에 도착하는 방법은 단 한 가지밖에 없다. 그 길은 직선으로 뻗어 있으며 요지부동이다. 또한 자신의 의도를 전달하기 위해 사용하는 말은 단정적이고 엄격하다.

의사결정 과정에서는 감정이 개입되어서는 안 된다. 감정은 종종 예측할 수 없으므로 '반드시 해야 하는 일'에 도움이 되지 않는 해로운 것으로 여긴다. 미래는 손바닥에 올려놓고 들여다볼 수 있어야 한다. 변화는 적이다. 뜻밖의 사건 또는 자연발생적이고 즉흥적인 행동은 위험하다. 특히 가장 중요하게 생각하는 일에서는 모든 변수에 확실하게 대비를 해놓지 않는 한 놀고 즐기는 것은 있을 수 없다.

완벽주의자의 경직성은 통제에 대한 집착에서 비롯된다. 완벽주의자는 삶의 모든 면을 통제하려고 한다. 자신이 손을 놓으면 세상이 무너져 내릴 것처럼 느끼기 때문이다. 무슨 일이든지 직접 해야 한다. 자신의 지시를 정확하게 따르리라고 확신하지 않는 한 다른 사람들에게 뭔가를 맡기지 못한다. 통제를 거두는 것에 대한 두려움은 실패에 대한 두려움과 밀접하게 연관되어 있다.

경직성은 다른 방식으로도 드러난다. 컨설팅 회사의 이사가 되는 것을 목표로 사무실에서 일주일에 70시간씩 일을 하는 사람을 상상해보자. 그는 직장에서 불행하다. 그가 일하면서 가장 행복했을 때는 대학 시절 여름 방학에 레스토랑에서 아르바이트를 할 때였다. 하지만 그는 자신이 계획한 진로를 바꾸지 않고 계속해서 이사가 되기 위해 같은 길을 가고 있다. 아마 그는 자신이 불행하다는 사실도 인정하지 않을 것이다. 그는 목표를 포기하는 것은 '실패'라고 여기며 모든 것을 감수한다.

최적주의자도 역시 야심 찬 목표를 정하지만 완벽주의자와는 달리 한 가지 목표에 매달리지 않는다. 예를 들어, 회사의 이사가 되겠다는 목표에 시간과 노력을 투자하면서 동시에 따로 시간을 내서 레스토랑을 개업하는 것이 자신에게 맞는 일인지 알아본다.

다시 말해, 최적주의자는 정해진 길을 따라가기보다는 움직일 수 있는 범위를 좀 더 넓게 잡는다. 그 범위는 그가 구불구불 돌아갈 수 있는 '여유'를 준다. 방향을 분명하게 유지하면서 또한 다른 대안에 마음을 열고 뜻밖의 사건과 우여곡절에 역동적이고 융통성 있게 대처한다. 목적지로 가는 길이 여러 갈래일 수 있다는 것을 받아들인다. 유연하면서도 주관이 확실하고, 뚜렷한 목적의식이 있으면서도 가능성에 열려 있다.

완벽주의자	최적주의자
여행을 직선 도로로 생각한다.	여행을 구불구불 돌아가는 길로 생각한다.
실패를 두려워한다.	실패를 피드백으로 생각한다.
목적지에 초점을 맞춘다.	여행과 목적지에 초점을 맞춘다.
도 아니면 모라고 생각한다.	섬세하고 복잡한 사고를 한다.
방어적이다.	마음이 열려 있다.
결함을 찾는다.	가능성을 찾는다.
가혹하다.	관대하다.
엄격하고 경직되어 있다.	융통성이 있고 역동적이다.

완벽주의가
병을 부른다

대부분의 완벽주의자가 지금까지 설명한 완벽주의의 특성을 모두 갖고 있는 것은 아니다. 또 완벽주의의 특성은 상황에 따라 정도가 다르기도 하다. 하지만 이러한 특성들을 많이 갖고 있을수록 완벽주의와 관련된 정서장애, 문제점, 혼란에 빠지기 쉽다. 또 그로 인해 열등감, 거식증, 성 기능 장애, 우울증, 불안, 편집증, 심신증, 만성 피로, 알코올 중독, 사회공포증, 공황 장애, 미루기, 대인관계에서의 심각한 어려움 등을 겪는다.[8] 이러한 증상 중에 몇 가지를 자세히 설명하겠다.

나를 갉아먹는 열등감

완벽주의는 자존감을 무너트린다. 어떤 아이가 집에서 끊임없이 야단을 맞고 무시를 당하며 자란다고 생각해보자. 어느 직원이 직장에서 상사에게 끊임없이 구박을 받는다고 생각해보자. 그런 아이나 직원이 건강한 자존감을 가질 수 있을까? 그럴 수 없을 것이다. 다른 곳에서 어떤 자존감을 얻는다고 해도 그런 환경에 돌아가면 다시 순식간에 위축될 것이다. 아무도 그와 같은 환경에서 생활하거나 일하고 싶어 하지 않는다. 하지만 완벽주의자는 정확히 그런 환경에서 살고 있을 뿐 아니라 스스로 그런 환경을 만들고 있다.

완벽주의자의 삶은 끝없는 경쟁이기 때문에 성공을 즐기는 것은 잠시뿐이다. 그는 성공보다 실패에 훨씬 더 마음을 쓴다. 어떤 목표를 달성하는 즉시 새로운 목표를 세우고, 그 목표를 달성하지 못하면 어떻게 될지 걱정하기 시작한다. 전부 아니면 전무라는 완벽주의자의 사고방식은 실패할 때마다 인간으로서의 '가치'에 타격을 받는다. 그들의 자의식은 자신에게서 잘못을 찾기 때문에 고통을 받을 수밖에 없다.

요즘 나는 스쿼시 선수로 생활했을 당시를 돌아보며 나의 노력과 목표에 대한 헌신과 내가 달성한 성공에 자긍심을 느낀다. 하지만 당시에는 실패한 결과나 앞으로 실패할지도 모른다는 강박 때문에 끊임없이 자존감에 상처를 입었다. 그럼에도 내가 열등감으로 고통을 받고 있다는 사실을 아는 사람은 거의 없었다. 내 안에 있는 완벽주의자에게 어떤 나약함이나 부족함을 겉으로 드러낸다는 것은 생각조차 할 수 없는 일이었다. 그 완벽주의자는 끊임없이 자기 향상을 도모하면서, 저명한 심리학자 나다니엘 브랜든이 거짓 자긍심이라고 부른 "실제로는 느끼지 못하는 자신감과 자존감"으로 위장한 완벽한 모습을 바깥세상에 보여주려고 노력했다.[9]

반면, 최적주의자는 스스로 만든 마음 감옥 안에 살지 않는다. 사실 시간이 가면서 최적주의자의 자긍심은 점점 높아진다. 나는 항상 학생들에게 더 자주 실패해보라고 말한다(물론 그들은 이 이야기를 듣고 기뻐하지 않는다). 자주 실패한다는 것은 그만큼 자주 시도하고 모험하고 도전한다는 의미다. 우리는 도전을 통해 배우고 성장하며 종종 성공보다는 실패를 겪으면서 훨씬 더 성숙하고 발전한다. 게다가 모험을 하고 넘어지고 다시 일어날 때마다 더욱 강해지고 더욱 탄력을 받게 될 것이다.

리처드 베드너와 스콧 피터슨은 자긍심에 대한 연구에서 "도전하고 실패를 감수하면서 맞서 싸우는 경험 자체가 자신감을 키워준다"고 말한다.[10] 만일 실패가 두려워서 시련과 도전을 회피한다면 스스로 시련을 극복하고 실패를 감당할 수 없다는 메시지를 자신에게 보내게 되고, 그 결과 자긍심이 추락한다. 반면에, 도전을 하면 실패를 극복할 자신이 있다는 메시지를 내면화하게 된다. 어려움을 피하지 않고 맞서 싸우는 것은 눈앞에 보이는 승리나 패배, 성공이나 실패보다 장기적으로 자긍심에 훨씬 더 긍정적인 영향을 준다.

역설적으로 좌절을 극복할 수 있는 믿음과 자신감은 실패할 때 오히려 강화된다. 그 이유는 우리가 항상 두려워했던 그 괴물—실패—이 생각했던 것만큼 무시무시하지 않다는 것을 알게 되기 때문이다. 오즈의 마법사가 정체를 드러냈을 때 더 이상 무섭지 않았던 것처럼 실패는 막상 마주하면 오히려 위협적이지 않다. 그런데도 완벽주의자는 실패를 두려워하면서 불필요하게 에너지를 낭비한다. 실제로 실패했을 때 느끼는 고통보다 실패에 대한 두려움으로 더 많은 고통을 받는 까닭이다.

『해리 포터』 시리즈의 작가인 조앤 K. 롤링은 2008년 하버드대학 졸업식 축사에서 실패의 가치에 대해 이야기했다.

실패는 내가 불필요한 것을 벗어던질 수 있도록 해주었습니다. (중략) 나는 자유로워졌습니다. 내가 가장 두려워하던 것이 현실화되었지만 나는 여전히 살아 있었고 여전히 내 옆에는 사랑하는 딸이 있었으며 오래된 타자기 하나와 근사한 아이디어가 있었습니다. 그리고 내가 추락한 밑바닥은 내 삶을 다시 일으켜 세우는 단단한 기반이 되었습니다. (중략) 실패는 내게 시험을 통과하는 것으로는 얻을 수 없는 자신감을 갖게 해주었습니다. 또한 나 자신에 대해 많은 것을 알게 해주었습니다. 그것은 실패가 아닌 다른 방식으로는 배울 수 없는 깨달음이었습니다. 나는 나에게 생각보다 강한 의지와 강한 자제력이 있다는 것을 알았습니다. 또한 보석보다 훨씬 더 값진 친구들이 있다는 것을 알았습니다. (중략) 좌절을 겪으면서 더욱 현명해지고 더욱 강해진다는 사실을 아는 것은 우리가 앞으로 확실하게 생존할 수 있다는 것을 의미합니다. 우리 자신이나 관계가 가진 힘, 두 가지 모두 역경에 의해 시험에 들 때까지는 잘 알 수 없습니다.

우리는 실제로 실패를 경험하고 이겨내야만 실패를 극복하는 법을 배울 수 있다. 일찌감치 어려움과 좌절에 직면할수록 우리가 가는 길에 놓여 있는 불가피한 장애물들을 극복할 준비를 할 수 있다.

재능과 성공은 실패에 의해 조절되지 않으면 오히려 해로우며 심지어 위험할 수도 있다. 빈센트 포스터는 빌 클린턴 대통령의 백악관 자문위원으로 임명되기까지 아주 순탄한 길을 걸었다. 그의 동료의 말에 따르면 포스터는 직업적으로 좌절을 겪은 적이 없었다. "단 한 번도 아주 작은 실패도 없었습니다. 탄탄대로를 걸어왔죠." 그러다가 클린턴 행정부와 포스터의 사무실이 조사를 받게 되었고, 그는 자신이 제대로 관리를 하지 못해서 대통령을 보호하는 데 실패했다고 느꼈다. 그러한 낭패감이 그를 무너뜨렸다. 그는 자괴감을 견디지 못하고 스스로 목숨을 끊어버렸다. 이전에 성공한 경험들은 그에게 실패가 주는 심리적 충격을 극복할 힘을 주지 못했다.[11]

언제나 실패를 유쾌하고 편안하게 받아들일 수는 없다. 수많은 실패 중에 우리를 비참하게 하는 실패도 있다. 다만 실패를 피하기 위해 도전하지 않는 것은 도전하고 실패하는 것보다 장기적인 성공과 전반적인 행복에 훨씬 더 큰 피해를 준다. 덴마크의 신학자 키르케고르는 말했다. "도전하는 것은 잠깐 발판을 잃어버리는 것이다. 도전하지 않는 것은 우리 자신을 잃어버리는 것이다." 도전하고 맞서 싸우면 실패할 가능성이 있고 실패를 하면 그 대가를 치러야 한다. 하지만 도전하지 않고 실패하지 않는다면 그보다 훨씬 더 큰 대가를 치러야 한다.

다이어트 부작용, 거식증

심리학자 안나 바던컨과 그녀의 연구진은 거식증과 완벽주의의 관계를 설명한 평론에서 "실수를 실패로 해석하는 경향이 있는 완벽주의는 거식증과 매우 밀접한 관련이 있다"고 시사했다.[12] 완벽주의자가 거식증에 걸리기 쉬운 이유는 전부 아니면 전무라는 사고방식 때문이다. 그들은 뚱뚱하거나 마르거나, 폭식을 하거나 굶거나, 이런 식으로 양자택일을 한다. 건강한 중간지대는 존재하지 않는다.

언론은 이러한 완벽주의를 부추긴다. 완벽한 외모는 각자의 상상력에 맡기지 않고 '전무'에 반대되는 '전부'로서 획일적인 모습을 잡지 표지와 광고 게시판을 통해 보여준다. 완벽주의자는 대부분의 사람이 슈퍼모델처럼 보이지 않으며, 슈퍼모델의 자연스러운 주름조차 포토샵으로 지우거나 윤곽을 고쳐서 인간적 결함을 감춘다는 사실을 간과한다. 완벽주의자는 완벽한 디지털 이미지가 아닌 이상 실제 자신의 모습에서 항상 결점을 발견할 수밖에 없다. 모 아니면 도, 이런 식으로 사고하는 그들은 이상화된 이미지에서 벗어난 오점들을 크게 확대해서 본다. 체중이 1킬로그램만 늘어도 전전긍긍하며 약간의 주름살이 얼굴을 망친다고 생각한다. 결국 그러한 오점들을 제거하기 위해 성형수술을 반복하거나 쫄쫄 굶어서 살을 빼는 등 극단적인 방법을 취한다.

완벽주의자와 최적주의자가 체중을 줄이는 경우를 좀 더 자세히 살펴보자.

완벽주의자는 보통 극단적인 다이어트 방식을 택한다. 그리고 철저하게 그 방식을 지킨다. 그러다가 어떤 이유로 금지된 음식을 한 입이라도 먹게 되면 실패했다는 좌절감에 휩싸여 어떻게든 자신을 벌한다. 예를 들어 완벽주의자는 한동안 멀리하던 아이스크림을 입에 대면 아예 한 통을 다 먹어치운다. 그러고도 성에 차지 않아 눈에 보이는 대로 먹을 것을 입에 꾸역꾸역 집어넣는다. 세상을 이분법해서 살아가기 때문에 완벽한 다이어트에 실패하면 아예 다이어트를 포기해버리는 것이다. 하지만 안타깝게도 이들은 아이스크림 한 통을 먹어치워도 만족을 느끼지 못한다. 다이어트에 실패했다는 생각 때문에 먹는 것을 즐기지 못하는 것이다.

최적주의자는 다차원에 살고 있는 현실 속 인간과 이차원의 사진 속 인간은 다를 수밖에 없음을 알고 있다. 따라서 다이어트를 하다가 이따금 유혹에 넘어가더라도 자신을 가혹하게 벌하지 않는다. 실수했다고 해서 양극을 오가는 행동을 하지는 않는다. 인간이기에 오류를 범할 수 있다는 사실을 인정한다. 그래서 오스카 와일드의 조언에 따라 가끔씩 아이스크림 한 숟갈을 맛보는 것으로, 역설적이지만 유혹에 굴복함으로써 유혹을 뿌리친다.

황홀한 섹스에 대한 강박감, 성 기능 장애

완벽주의는 남녀 모두에게 성 기능 장애의 중요한 심리적 원인 중 하나다. 완벽한 성 기능에 대한 기대는 남자의 경우 발기부전으로 이어질 수 있다. 여성은 의무감이 집중을 방해해서 섹스를 즐기지 못할 수 있다. 매번 섹스가 부담이 되면 그 여파가 멀리까지 미칠 수 있다. 엄청 완벽한 섹스를 해내야 한다는 사고방식이 뭔가 하나라도 부족하면 모든 것을 재앙으로 만들고, 자기충족 예언의 과정을 거쳐 남자는 발기부전, 여자는 불감증을 갖게 하는 것이다.

우리 자신의 몸, 섹스, 파트너에 대해 비판적이 되면 섹스의 즐거움이 감소된다. 게다가 여행을 무시하고 목적지에 초점을 맞추는 완벽주의자는 오르가슴에 집착해서 구애의 즐거움을 느끼지 못할 수 있다.

반면, 최적주의자는 자신의 몸과 성행위의 부족함을 인정하고 인간적인 것으로 받아들이므로 섹스를 즐길 수 있다. 자신이나 파트너의 부족함에 초점을 맞추지 않고 사랑을 통해 몸과 마음의 즐거움을 경험한다.

내가 세상에서 제일 부족하다는 생각, 우울증

완벽주의자는 우울증에 잘 걸린다. 부족한 점을 들추어내고, 전부 아니면 전무라고 생각하고, 여행의 즐거움을 배제하고 목표에 초점을 맞추는 사고방식이 우울증의 원인이라는 것을 생각하면 당연한 결과다. 우리는 삶의 대부분을 여행을 하면서 보낸다. 목적지에 도달하고 목표를 달성하는 순간은 금방 지나가버린다. 따라서 여행이 불행하고 고통스럽다면 삶 전체가 불행하고 고통스러울 수밖에 없다.

앞에서 보았듯이 완벽주의자는 자기 안에서 결함을 찾기 때문에 자존감이 낮은 경향이 있는데, 이 또한 우울증으로 발전할 수 있다. 하지만 우울증은 밖에서 결함을 찾을 때도 나타난다. 행복을 우리 내면과 우리 주변에서 찾을 수 있는 것처럼 불행 역시 마찬가지다. 완벽주의자는 모든 것에서 결함을 찾기 때문에 그들이 처한 환경에 만족할 수 없다. 뭔가 잘못된 것을 찾아내서 그것을 부풀리고 과장하기 때문에 자신이 갖고 있고, 하고 있는 것을 즐길 수 없다.

반면, 최적주의자 역시 때로 슬픔을 느끼지만 힘든 경험을 의연하게 받아들인다. 문제가 생기면 "이것 역시 지나갈 것"이라는 태도를 보이면서 여행의 경험에 초점을 맞추고 긍정적으로 생각한다. 삶에 우여곡절이 없을 수는 없다. 깊은 슬픔과 좌절의 순간도 있다. 하지만 끊임없이 실패를 두려워하거나 그 결과를 확대함으로써 스스로 고통을 받지는 않는다.

칼 로저스는 내담자가 자신을 딱딱한 고체가 아닌 흐르는 강물처럼 유동적인 액체로, 확정적이 아니라 끊임없이 변화하는 가능성으로 이루어진 존재로 인식한 경우 치료에 중요한 진전이 있었다고 평가했다.[13] 로저스는 최적주의자의 본질이 제자리에 머물지 않고 끊임없이 학습하고, 약해지지 않고 점차 강해지며, 정서적 혼란 속에 가라앉지 않고 거센 물결을 헤쳐 나갈 수 있는 융통성에 있다고 말한다.

돌보다 더 단단한 사고방식, 불안장애

완벽주의는 불안장애의 원인이 될 뿐 아니라 그 자체가 일종의 불안장애(실패에 대한 불안)라고 할 수 있다. 전부 아니면 전무라는 완벽주의자의 극단적인 사고방식은 실패는 크든 작든 모두 재앙이 될 수 있다는 생각 때문에 잠시도 경계를 늦추지 않는다. 저편 모퉁이에 숨어서 언제 모습을 드러낼지 모르는 '재앙'에 대해 노심초사하면서 끊임없이 불안을 느끼고 이따금 공황 상태에 빠지기도 한다.

완벽주의자가 불안하고 우울할 수밖에 없는 또 다른 원인은 바로 경직되고 융통성 없는 사고방식에 있다. 시장은 하루가 다르게 변화하고 초고속으로 기술이 발전하며 언론에서는 끊임없이 새로운 생활방식과 존재 방식을 소개하고 선전한다. 따라서 올바른 방식에 대한 완벽주의자의 고정적이고 융통성 없는 인식은 계속해서 변화하는 예측불허의 세상으로부터 도전을 받는다.

완벽주의는 어느 시대에나 문제가 되지만 비교적 변화가 느린 세상에서는 완벽주의자로 살아남을 수 있었고 성공할 수도 있었다. 하지만 오늘날, 그리고 앞으로는 점점 더 완벽주의에서 최적주의로 변하지 않으면 어려움을 겪을 수밖에 없다. 경직된 사고방식은 지금의 유동적인 세상에 맞지 않는다. 이것은 미국과 전례 없는 성장을 거듭하고 있는 중국을 포함한 전 세계에서 젊은이들 사이에 우울증, 불안증, 자살이 증가하고 있는 이유이기도 하다. 최적주의자는 융통성 있고 변화에 열려 있으므로 끊임없이 변화하는 환경에 좀 더 수월하게 대처할 수 있다. 때로 변화와 씨름을 해야 하지만 예측불허의 불확실성을 이겨내기 위해 필요한 자신감과 의지를 갖고 있다. 변화는 위협이 아니라 도전이다. 최적주의자에게 미지의 세상은 두려움이 아닌 매혹의 대상이다.

행복한
최적주의자가 되라

많은 완벽주의자가 완벽주의가 해롭다는 것을 알면서도 변화하기를 꺼린다. 완벽주의가 자신을 행복하게 해주지는 않지만 성공하게 해준다고 믿기 때문이다. 행복한 멍청이보다 불행한 소크라테스가 되겠다는 존 스튜어트 밀의 표현을 빌려 말하자면, 완벽주의자는 '행복하지만 성공하지 못한 게으름뱅이'보다 '불행하지만 성공한 완벽주의자'가 되어야 한다고 믿는다. 그들은 게으름뱅이가 되지 않으려고 "고통이 없으면 얻는 것도 없다"는 말로 자신을 달래며 또 다른 극단을 선택한다. 하지만 최적주의자는 그러한 완벽주의에 "즐기면서 하면 더 잘할 수 있다"는 철학으로 도전한다.

완벽주의자 중에 물론 성공한 사람도 있다. 하지만 완벽주의와 최적주의의 성공에 관한 연구를 보면 모든 조건이 같을 때 최적주의자들이 성공할 가능성이 더 크다. 여기서 최적주의자들의 성공 조건을 살펴보자.

최대한 많이 실패하라

무슨 일이든 계속 즐길 수 있으려면 경쟁력을 갖추는 것은 물론이고, 끊임없이 배우고 성장해야 한다. 배우고 성장하기 위해서는 실패를 많이 해봐야 한다. 역사상 가장 성공한 사람들이 가장 많이 실패해본 사람들이었다는 것은 우연이 아니다. 전구, 사진, 전보, 시멘트와 관련된 특허를 포함해서 모두 1천 93건의 특허를 등록한 토머스 에디슨은 성공하기까지 수많은 실패를 거쳐야 했다는 사실을 자랑스럽게 말했다. 누군가 그에게 한 발명품을 만들어내기까지 만 번의 실패를 거듭했다는 사실을 지적하자 에디슨이 대답했다. "나는 실패한 것이 아닙니다. 단지 효과가 없는 만 가지 방법을 발견했던 겁니다."

역사상 가장 위대한 야구선수였던 베이브 루스는 30년 동안의 선수 생활에서 통산 714번의 홈런을 쳤다. 하지만 그는 리그에서 다섯 번이나 삼진 아웃 최다 기록의 보유자가 되기도 했다.

금세기 최고의 스포츠맨이라는 마이클 조던은 그의 팬들에게 그 역시 인간이라는 사실을 상기시킨다. "나는 통산 9천 번 이상 실투를 했습니다. 300회에 가까운 경기에서 패배했습니다. 스물여섯 번이나 위닝샷(승부가 판가름 나는 투구)을 놓쳤습니다. 평생 실패를 수없이 거듭했습니다. 그 덕분에 성공한 것입니다."

여기 22세의 나이에 직업을 잃은 남자가 있다. 1년 뒤 그는 정계에 입문해서 주의원에 입후보했다가 낙선했다. 다음에는 사업에 손을 댔다가 실패했다. 27세 젊은 나이에 신경쇠약에 걸렸다. 그러나 다시 일어나 34세에 국회의원에 출마했다. 하지만 낙마했다. 5년 뒤에도 같은 일이 일어났다. 포기할 법도 하건만 그는 용기를 잃지 않았다. 오히려 목표를 좀 더 높이 올려 46세에 상원의원에 출마했다. 결과는 낙선. 그럼에도 다시 부통령에 입후보한다. 또다시 실패의 고배를 마신다. 수십 년 간의 실패와 좌절 끝에 50회 생일을 앞두고 그는 다시 상원의원에 출마했다. 그러나 또 패배했다. 하지만 2년 뒤 마침내 미합중국의 대통령이 되었다. 그가 바로 에이브러햄 링컨이다.

유명인들의 이야기가 아니더라도 우리는 종종 실패를 딛고 크고 작은 업적을 이룬 사람들의 성공담을 듣는다. 실패가 성공을 하기 위한 충분조건은 아니다. 다시 말해 실패가 성공을 보장해주는 것은 아니다. 하지만 실패가 없으면 성공도 없는 것은 확실하다. 실패가 업적과 밀접한 관계가 있다는 것을 이해하는 사람들은 배우고 성장하고 결국 성공한다. 실패하지 않으면 배우지 못한다.

실패를 편안하게 받아들이는 최적주의자들은 기꺼이 실험과 모험에 도전하며 주변 반응에 마음이 열려 있다. 어느 연구에서 완벽주의자는 다른 사람보다 글쓰기가 서툰 것으로 나타났다. 완벽주의자의 글쓰기 실력이 향상되지 않는 이유는 다른 사람들에게 자신이 쓴 글을 보여주고 평가받지 않으려 하기 때문이라고 한다.[14] 금융업, 교사, 운동선수, 엔지니어, 어떤 분야에서나 성공하기 위해서는 다른 사람들의 조언이나 실패 그 자체가 주는 피드백에서 배우는 자세가 필요하다.

최고의 성과를 올릴 수 있는 상태를 유지하라

심리학자 로버트 여키스와 J. D. 닷슨은 우리의 정신적이고 생리적인 각성 수준이 증가하면 성과가 향상된다는 것을 발견했다. 하지만 각성 수준이 어느 지점에 도달하면 다시 성과가 떨어지기 시작한다.[15] 다시 말해, 각성 수준이 너무 낮거나(나태하거나 게으르거나) 너무 높으면(불안감이나 두려움을 느끼면) 성과가 떨어지는 경향이 있다. 그렇다면 사람들은 언제 가장 최고의 기량을 발휘할까? 최고의 성과를 올릴 수 있는 최적의 지점은 어디쯤에 있을까?

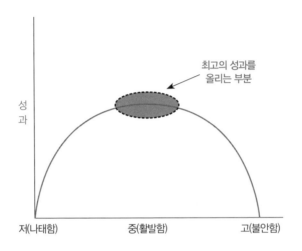

스포츠, 비즈니스, 과학, 정치를 비롯한 모든 분야에서 최고의 수행자들은 보통 스스로 자신에게 거는 기대만큼 노력하지 못하면 크게 실망한다. 하지만 그들은 실패에 대한 두려움으로 인해 위축되지 않으며, 실패를 하더라도 그것을 재앙으로 만들지 않는다. 한편으로는 성공을 위해 애쓰고 다른 한편으로는 실패를 삶의 자연스러운 일부로 받아들임으로써 최고의 성과를 거둘 수 있는 각성 수준을 유지한다.

목적지보다 중요한 것은 '과정'이다

교육계의 선구적 사상가인 하워드 가드너는 간디, 프로이트, 피카소, 아인슈타인을 비롯한 성공한 인물들의 삶을 연구했다.[16] 가드너는 비즈니스, 운동, 의학, 예술 등 어떤 분야에서든 성공하기 위해 필요한 전문적인 수준에 오르려면 적어도 10년 동안 열심히 노력해야 한다는 것을 알았다. 물론 그 노력은 10년 이후에도 계속되어야 하며 성공을 유지하기 위해서는 때로 전보다 더 분발해야 한다.

완벽주의자가 이런 노력을 유지하기는 극히 어렵다. 완벽주의자는 목적지에 집착하고 여행을 즐기지 못하기 때문에 점차 욕망과 동기가 시들어간다. 처음에는 의욕에 넘쳤더라도 과정이 힘들어지면 부담감을 오래 견딜 수 없게 된다. 성공을 향한 야망이 있음에도 불구하고 더 이상의 고통을 피하기 위해 마음 한구석으로 포기하고 싶어지는 시점이 온다. 중간 관리자에서 임원으로 승진하고 싶어도 그 여행이 너무 길다고 느끼기 때문에 계속 버티지 못한다. 그 결과 업무에 투자하는 시간과 노력이 점점 줄어든다.

반면, 최적주의자는 목적지에 초점을 맞추고 있으면서도 여행 자체를 즐긴다. 성공을 향해 순탄하고 수월한 길을 가지는 못해도, 비틀거리고 넘어지며 회의감이 들고 때로 고통스럽더라도 전반적으로 완벽주의자가 경험하는 것보다 훨씬 더 즐거운 여행을 한다. 이로써 목적지(달성하고자 하는 목표)를 향해 움직일 뿐 아니라 여행에서도 힘을 얻는다. 따라서 매일의 기쁨과 함께 지속적인 만족을 유지할 수 있다.

오로지 목적지만 바라보고 달려가는 것이 해로운 이유가 또 있다. 많은 연구 결과가 완벽주의 때문에 미루는 습관과 무기력증이 생길 수 있다는 것을 보여준다 .[17] 완벽주의자가 어떤 일을 잠시(미루기) 또는 영원히(무기력증) 뒤로 미루는 이유는 게으름을 실패에 대한 변명으로 삼으려는 것이다. 시도하지 않으면 실패할 일도 없기 때문이다. 오로지 결과만을 중요하게 생각하는 완벽주의자가 일 자체를 피하는 것으로 실패를 피하는 심정은 이해할 수 있다. 하지만 실패 가능성을 배제함으로써 결국 성공 가능성까지 배제하게 된다.

파레토의 법칙

무슨 일이든 완벽하게 성공하지 못할 일은 아예 할 가치가 없다는 생각으로 접근하면 미루는 습관이 생긴다. 또한 하나하나의 일에 완벽을 기하다 보면 그다지 중요하지 않은 일에도 시간을 많이 투자하여 시간을 비효율적으로 활용하게 된다. 안타깝게도 완벽주의자들은 이런 식으로 시간을 사용한다.

최적주의는 어떤 일에 대해서는 완벽주의자가 하듯이 많은 시간을 투자한다. 하지만 모든 일이 똑같이 중요하지 않으며 똑같은 노력을 하지 않아도 된다는 사실을 알고 있다. 예를 들어, 수공예 작품을 대충 만드는 것은 허용되지 않는다. 하지만 우주 정거장에서 일하는 엔지니어가 예산 심의를 위한 내부 문서에 어떤 색으로 도표를 그릴지 결정하면서 지나치게 시간을 끄는 것은 효율적이지 않다.

나는 대학 생활 첫 2년 동안 모든 과제와 시험에 똑같은 시간을 투자했다. 그러다가 시간이 지나면서 완벽주의가 지나친 대가를 요구한다는 것을 깨닫고 최적주의를 향해 움직여갔다. 나는 접근 방식을 바꿔서 파레토의 법칙으로도 알려진 80대 20의 법칙을 채택했다.

80대 20의 법칙은 이탈리아 경제학자 빌프레도 파레토가 발견했다고 해서 '파레토의 법칙'이라고 불리기도 한다. 예를 들어 설명하자면, 일반적으로 국민의 20퍼센트가 그 나라 부의 80퍼센트를 소유하고 있으며 회사 고객의 20퍼센트가 그 회사 수입의 80퍼센트를 창출한다는 것이다. 최근에는 경영컨설턴트 리처드 코치와 마크 맨시니가 효율적인 시간 관리를 위해 파레토의 법칙을 적용해서 원하는 결과의 80퍼센트를 얻을 수 있는 20퍼센트에 노력을 투자할 것을 제안했다.[18] 예를 들어, 완벽한 리포트를 쓰려면 2~3시간이 걸리지만 어느 정도 목적에 부합하는 리포트는 30분이면 충분히 쓸 수 있다.

나는 대학에서 교수가 읽으라고 하는 교재의 내용을 한 글자도 빼놓지 않고 읽어야 하는 완벽주의자가 되기를 중단하고 파레토의 법칙을 적용하기 시작했다. 과제를 대충 훑어본 다음 '시간 비용 대비 효과가 가장 크다'고 판단되는 20퍼센트를 집중적으로 공부한 것이다. 좋은 성적을 올리고 싶은 마음은 변함이 없었다. 다만 'A학점이 아니면 절대 안 된다'는 완벽주의적 사고방식을 바꾼 것이다. 그러자 처음에는 평균 성적이 약간 떨어졌다. 하지만 그렇게 했기 때문에 나는 중요한 정규 과목 외에도 스쿼시 경기, 대중 연설, 그리고 친구들과 함께하는 활동에 좀 더 시간을 투자할 수 있었다. 그 결과 대학 첫 2년 동안 보다 훨씬 더 행복해졌을 뿐 아니라 평균 점수라는 좁은 렌즈를 통해 보지 않고 인생 전체로 보면 좀 더 성공적인 시기를 보낼 수 있었다. 파레토의 법칙은 그 뒤에도 내가 하는 일에 큰 도움이 되었다.

HAPPY TRAINING

과감하게 행동하기

심리학자 다릴 벰의 연구 결과에 따르면 우리는 우리가 다른 사람들에 대해 생각하는 것과 같은 방식으로 우리 자신에 대해 생각한다.[19] 예를 들어, 우리는 다른 사람을 도와주는 사람을 보면 그를 친절한 사람이라고 생각한다. 자신의 주장을 굽히지 않는 사람을 보면 원칙과 용기가 있는 사람이라고 생각한다. 마찬가지로 우리는 우리 자신이 친절하거나 용기 있는 행동을 하면 마음이 그러한 행동을 따라가게 되고 스스로 친절하고 용기 있는 사람이라고 느낀다.

벰이 '자기지각이론'이라고 부른 이러한 기제를 통해 우리의 마음은 행동에 의해 시간이 가면서 점차적으로 변화할 수 있다. 완벽주의 역시 일종의 마음가짐이므로 행동을 통해 바꿀 수 있다. 다시 말해 우리 자신이 최적주의자처럼 모험을 하고, 안전지대 밖으로 나가고, 마음을 좀 더 열고, 넘어졌을 때 다시 일어서면 점차 최적주의자로 바뀔 수 있다.

당신이 하고 싶어 하면서도 실패의 두려움 때문에 망설이는 것이 무엇인지 생각해보자. 그리고 지금 그 일을 하자! 연극 오디션을 보거나 운동을 하거나 데이트를 신청하거나 항상 쓰고 싶었던 책을 쓰거나 히고 싶었던 일을 지금 당장 하자. 그러면서 최적주의자처럼 행동하자. 처음에는 마음이 잘 따라주지 않더라도 일단 행동에 옮기자. 안전지대 밖으로 나갈 기회를 찾아보고 피드백과 도움을 구하며 실수를 인정하자.

이 훈련을 즐기면서 하자. 실패해도 걱정하지 말고 다시 시도하자. 실패에서 배우는 이러한 과정을 다른 부분에도 적용할 수 있는지 생각하고 글로 써보자.

실패한 경험을 글로 기록하기

마음챙김mindfulness과 자기 수용self-acceptance에 대해 연구한 심리학자 셸리 카슨과 엘렌 랭거는 말했다. "사람들은 자신의 실패에 대해 생각하고 어떤 실패가 가르침이 되는지 알 때, 자신과 세상에 대한 깨달음을 얻고 자신과 자신의 실패를 받아들일 뿐 아니라 미래의 발전을 위한 교훈으로 삼을 수 있게 된다.[20] 다음은 우리 자신의 실패에 대해 생각해보는 연습이다.

15분 동안 당신이 실수했던 사건이나 상황을 글로 써보자.[21]

그때 어떤 행동을 했는지, 어떤 생각을 했고 어떤 느낌이었는지, 그 일에 대해 지금은 어떻게 느끼는지 기술해보자. 시간이 흐른 지금 그 일에 대한 생각이 어떻게 바뀌었는가? 그 실수에서 어떤 교훈을 배웠는가? 그 경험은 어떤 점에서 가치가 있는가?

이 연습을 며칠 또는 몇 주일에 걸쳐서 두세 번 더 반복하라. 같은 실패에 대해 계속할 수도 있고 또 다른 실패에 대해 할 수도 있다.

약해질 수
있는 용기

온마음으로 흐느낄 줄 모르는 사람들은
온마음으로 웃을 줄도 모른다.
– 골다 메이어 –

1973년 욤 키푸르(유대교의 속죄일). 나의 첫 기억.

이스라엘 라마트간에 있는 우리 집에 전화벨이 울린다. 아빠가 수화기를 집어 든다. 그는 엄마에게 무언가를 속삭인다. 그들은 서로의 얼굴을 쳐다보다가 나에게 시선을 돌린다. 나는 그들의 창백한 얼굴을 바라본다. 아빠가 방으로 걸어 들어간다. 나는 그의 뒤를 따라 들어간다. 아빠는 느닷없이 군복을 꺼내입는다. 군화 끈을 묶는다. 일어선다. 내 머리를 쓰다듬는다. 나는 그를 따라 밖으로 나와 청록색 포드 코티나로 간다. 내 친구 에스티가 자신의 아빠 옆에 서 있다. 에스티의 아빠도 군복 차림이다. 맙소사, 모든 아빠들이 군복을 입고 자동차 옆에 서 있다. 나는 우리 동네 자동차 이름을 죄다 알고 있다.

"아빠, 속죄일에는 운전하면 안 되잖아요."

"전쟁이 났으니 어쩔 수 없단다."

아빠는 구두약으로 자동차 라이트를 검게 칠한다.

"왜 라이트에 칠을 해요?"

내가 묻는다.

"비행기들이 어둠 속에서 우리를 보지 못하게 하려고 칠하는 거야."

그가 대답한다.

"팬텀기요?"

"아니, 미그기(러시아의 주력 전투기)."

"하지만 오늘은 교회에 가는 날이에요. 아빠, 우리 나팔 부는 거 보러 같이 가요."

나는 떼를 쓴다.

"엄마랑 같이 가렴."

아빠가 말하면서 내 뺨에 살며시 입을 맞춘다. 그는 차에 타서 시동을 켜고 출발한다.

나는 그를 따라 달려가고 싶다. 하지만 엄마가 나를 단단히 잡고 있어 움직일 수 없다. 나는 흐느껴 울기 시작한다. 옆집에 사는 사울 형이 나에게 말한다.

"커서 아빠처럼 군인이 되고 싶니?"

"응."

나는 흐느끼면서 대답한다.

"군인은 울지 않는 거야."

나는 울음을 그친다.

1989년 야파의 오래된 항구. 몇 피트 떨어진 곳에서 한 어부와 그의 아내가 함께 나란히 앉아 저 멀리 지나가는 배를 바라보다가 이따금 서로 쳐다보곤 한다.

나는 여자 친구를 응시하고 있다. 그녀와 떨어져 있었던 2주일이 영원 같았다. 보름달이 그녀의 가녀린 얼굴을 비추고 있다. 나는 그녀를 바라보는 나의 눈에 눈물이 고이는 것을 느끼고 고개를 돌린다. 그녀가 나에게 좀 더 가까이 다가온다. 그녀의 손가락이 내 머리를 쓸어 넘긴다. 나는 그녀를 얼마나 사랑하는지, 얼마나 보고 싶었는지 말하고 싶다. 하지만 끝내 말하지 않는다.

1991년 헤르즐리아 스쿼시 클럽. 이스라엘 전국대회 결승전. 나는 이번에 우승하면 네 번째로 챔피언이 된다. 하지만 결국 실패했다. 나는 트로피 수상식이 고통스럽지만 참고 견딘다. 아무렇지도 않다는 듯이 형식적인 말과 행동으로 행사를 끝낸다. 그리고 여자 친구와 함께 자리를 뜬다. 발길을 돌리자마자 그녀가 눈물을 터트린다.

"왜 우는 거지?"

내가 묻는다.

"네가 안 우니까 내가 대신 우는거야."

다음날 그녀는 나에게 "약해질 수 있는 힘을 주세요"라는 가사가 담긴 노래를 녹음해서 가져온다. 나는 비로소 눈물을 흘린다.

나는 어린 시절부터 감정을 억누르고 고통을 숨겨야 한다고 배워왔다. 그때의 가르침에서 벗어나 나 자신에게 인간적인 감정을 허락하기까지 오랜 세월이 걸렸다. 나중에야 나는 슬퍼해도 괜찮다는 것, 의기소침하거나 두렵거나 외롭거나 불안하게 느끼는 감정이 잘못된 것이 아니라는 사실을 깨달았다. 그것이 나에게 가장 중요한 심리 돌파구가 되었다. 감정을 느끼는 것은 건강한 것이라는 단순한 깨달음은 지금까지도 전진과 후퇴, 승리와 실패를 반복하며 가는 오랜 여행의 시작이 되었다.

앞 장에서는 완벽주의자가 성과에 관련된 실패를 거부한다는 사실에 초점을 맞추었다. 이번 장에서는 완벽주의자가 감정과 관련된 실패를 거부하는 것에 대해 이야기하겠다.

완벽주의자는 자신의 삶 그리고 다른 사람들의 삶의 방식에 대해 매우 경직된 관점을 지니고 있다. 또한 이상적인 삶에서 벗어나는 것은 무엇이든 받아들이지 않는다. 개인적으로나 직업적으로 완벽주의자가 생각하는 이상적인 삶은 성공을 향해 곧게 뻗어 있는 지름길이다. 한편 감정과 관련해서 완벽주의자 대부분이 생각하는 이상적인 삶은 긍정적인 감정들이 계속 이어지는 것이다. 여기서 대부분이라고 말하는 이유는 고통받는 영혼, 고뇌하는 예술가, 따돌림 당하는 외톨이, 억울한 희생자의 삶을 이상적이라고 생각하는 완벽주의자들이 있기 때문이다. 이들은 의식적이든 무의식적이든 고통스러운 감정으로 점철된 삶을 동경하고 모든 긍정적인 감정을 거부한다. 하지만 우리의 본성은, 그리고 삶의 현실은 좋든 싫든 모든 감정을 경험한다. 따라서 만일 우리가 어떤 감정을 거부한다면 불가피하게 극심한 고통을 겪을 수밖에 없다. 최악의 경우, 어떤 감정도 느끼지 못하게 될 수도 있다. 그럼에도 완벽주의자는 항상 기쁘고 즐거운 삶이, 긍정적인 감정들이 계속 이어져야 한다는 기대에 어긋나는 고통스러운 감정들을 거부한다.

반면, 최적주의자는 살다 보면 좋을 때도 있고 나쁠 때도 있다는 것을 알고 있다. 유동적이고 역동적인 삶을 있는 그대로 이해한다. 실패와 마찬가지로 고통스러운 감정 역시 삶의 일부로 받아들인다. 세상과 삶을 통해 얻는 다양한 경험과 감정에 열려 있다. 자신에게 모든 감정을 경험하도록 허용한다. 따라서 완벽주의자보다 감정을 생생하게 경험하고 표현한다. 울고 싶을 때 울고, 친구에게 속마음을 털어놓고, 일기에 감정을 토로한다.

내가 그랬듯이 많은 사람이 일찌감치 고통스러운 감정뿐 아니라 즐거운 감정까지 숨기고 억누르는 법을 배운다. '남자는 울지 않는다',

완벽주이자가
기대하는 여행

최적주의자가
기대하는 여행

'무언가를 잘했다고 기뻐하는 것은 잘난 척하는 것이다', '다른 사람이 가진 무언가를 원하는 것은 욕심이다' 등의 말을 들어보았을 것이다. 또는 '누군가를 좋아하는 마음을 표현하는 것은 수치스러운 행동이다', 이와 반대로 '우리 자신을 표현하는 것을 부끄러워하고 꺼리는 것은 촌스럽고 세련되지 못하다'라는 말을 들었을지도 모른다. 이와 같이 어린 시절에 배운 것에서 벗어나기란 쉽지 않기 때문에 많은 사람이 어른이 되어서도 감정의 흐름에 마음껏 자신을 맡기지 못한다.

콘크리트 정글에서
살아남기

만일 우리가 감정을 조절하지 않는다면 이 세상은 어떻게 될까? 지나가는 사람의 외모에 대해 드러내고 흉을 보거나, 어떤 일에 실망할 때마다 욕을 하거나, 시도 때도 없이 기쁨이나 슬픔의 눈물을 터트리거나, 마음에 드는 이성에게 함부로 달려든다고 생각해보자. 충동, 성급함, 야만성 등의 정글의 법칙이 현대의 콘크리트 정글을 지배하기 시작할 것이다. 다행히 우리는 기본적인 본능인 미숙한 감정을 억누르고 미개한 충동을 다스리는 법을 배운다.

우리는 누구나 친구나 동료에게 가끔 질투, 분노, 욕망과 같은 본능적인 감정을 느낀다. 하지만 그러한 감정을 드러냈다가는 그들과의 관계가 위태로워질 수 있다. 우리는 이웃의 배우자를 탐내거나 화가 나 누군가를 다치게 하는 등 사회적 질서를 유지하기 위한 계율에 어긋 난 상상을 할 수 있다. 하지만 우리는 이미 어렸을 때 감정을 자제하 는 법을 배웠다.

또한 우리는 사람들 앞에서 불안감을 드러내거나 우는 것이 부적 절하다고 배웠다. 사람들과 원만하게 어울리기 위해 걱정, 두려움, 분노 와 같은 감정을 보이지 않도록 애써 숨긴다. 다른 사람들에게 인정받 으려고 하는 과정에서 우리 자신을 거부하는 것이다. 심지어 혼자 있 을 때조차 감정을 무시하는 경우가 많다. 하지만 '바람직하지 않은' 감 정이라고 해서 무조건 억누르고 거부한다면 정신건강에 해롭다.

만약 감정대로, 하고 싶은 대로 행동한다면 세상에서 성공하기는 커녕 생존할 수도 없을 것이다. 하지만 자연에 대한 인위적인 개입의 결과가 대부분 그렇듯이 자연스러운 감정을 억누르면 반드시 부작용 이 생기기 마련이다.

흰 곰이 떠오르면,
계속 생각하라

감정을 억누르는 것이 정신건강에 얼마나 해로운지는 그동안 많은 연구를 통해 입증되었다. 칼 로저스와 나다니엘 브랜든을 비롯한 많은 심리학자가 우리가 감정을 거부할 때 어떤 식으로 자존감이 손상되는 지를 연구해왔다. 심리학자 리처드 웬즈라프와 다니엘 웨그너는 생각을 억압하는 것에 대한 연구에서 "충격적이거나 불안감을 느끼게 하는 사건에 대해 생각하지 않으려고 하면 할수록 점점 더 생각난다. 따라서 불안장애를 영속시키는 사이클이 형성될 수 있다"고 말한다. 또다른 연구에서는 우울한 생각을 의식적으로 억누를수록 우울증이 심해진다는 내용이 밝혀졌다. 웬즈라프와 웨그너는 "떠오르는 어떤 생각을 억누르거나 피하기보다 생각나는 대로 받아들이고 표현하는 것이 불안과 우울증을 다스리는 데 효과적"이라고 말한다.[1]

완벽주의자는 종종 감정을 표현하지 않을 뿐 아니라 감정 자체를 거부하곤 한다. 그런데 그러한 행동이 오히려 그 감정을 강화하는 결과를 불러온다. 다니엘 웨그너가 제안하는 간단한 실험을 따라 해보자.

10초 동안, 흰 곰을 생각하지 말자고 당신 자신에게 계속 말하자. "절대 흰 곰에 대해 생각하지 말자." 십중팔구, 흰 곰에 대한 생각이 자꾸 떠오를 것이다. 흰 곰에 대해 생각하고 싶지 않다면 흰 곰이 생각나는 대로 내버려 두어야 한다. 그러면 얼마 뒤에 흰 곰 생각이 저절로 사라진다. 다른 생각들도 마찬가지다. 어떤 생각을 적극적으로 억누르고 싸우고 차단하려고 하면 할수록 새록새록 떠오르기 마련이다. 불안, 분노, 질투와 같은 감정들은 우리가 억누르고 그 자연스러운 흐름을 막으려고 할수록 점점 더 강해진다. 최적주의자는 이 점을 이해하고 자신에게 고통스러운 감정을 경험하도록 허락한다. 그래야만 그러한 감정이 약해지고 사라진다는 것을 알고 있다.

　내가 강의를 시작했을 무렵 가장 어려웠던 점은 대중 연설에 대한 불안감을 극복하는 것이었다. 내성적이고 완벽주의인 나는 강의를 할 때 심장이 뛰는 소리가 청중에게 들릴 것만 같아 불안했다. 극도로 긴장하니 준비한 이야기조차 자꾸 잊어버렸고, 입은 바짝바짝 타들어 갔다. 나는 처음에 그 혼란스러운 감정과 정면으로 맞서 싸우며 그 감정을 제어하려고 했다. 하지만 유감스럽게도 애쓰면 애쓸수록 불안감은 더욱 심해졌다. 결국 불안감을 그대로 받아들이고 내버려두었다. 그러자 놀라운 일이 일어났다. 나를 괴롭히던 감정이 저절로 수그러들기 시작한 것이다.

　어떤 목적을 갖고 감정을 받아들이는 것은 효과가 없다. 예를 들어, 뭔가를 좀 더 잘하기 위해 어떤 감정을 받아들이는 것을 나는 거짓 수용이라고 부른다. 거짓 수용은 도움이 되지 않는다. 만일 내가 '편안한 마음으로 강의하기 위해 불안감을 받아들여야 한다'는 식으로 생각했다면 아무런 효과도 없었을 것이다. 따라서 어떤 바람이나 희망에 대해서는 생각하지 말고 느끼는 감정을 그대로 받아들여야 한다. 감정을 받아들이는 것은, 예를 들어 화가 난다는 사실을 인정하고 그리고 나서도 기분은 나아지지 않을 수 있다는 사실까지 인정하는 것이다. 진정으로 감정을 받아들일 수 있는 능력은 완벽주의자와 최적주의자를 구분하는 차이의 핵심이다.

있는 그대로,
기꺼이 받아들이라

유대교 신비주의 카발라에서 가르치는 중요한 메시지 중 하나는 "기꺼이 수용하라"는 것이다. 카발라kabbalah라는 말은 그 자체가 '수용'을 의미한다. 선과 악, 즐거움과 고통까지 현실을 완전하게 받아들이면 물질적으로 정신적으로 모두 풍요로워진다. 현실을 저항하지 않고 받아들일 때 우리 안에 지혜와 선이 흐른다. 유대교 신비주의에서 비롯된 이 개념은 수수께끼처럼 들릴지도 모르겠다. 하지만 카발라가 전달하는 메시지는 본질적으로 과학적이다.

과학혁명의 철학적 아버지라고 불리는 프랜시스 베이컨은 "자연을 지배하기 위해서는 자연에 순응해야 한다"는 말을 했다. 베이컨은 카발라처럼 풍요를 창조하고 자연의 잠재력을 최대한 활용하기 위해서는 먼저 현실을 받아들이고 순응해야 한다고 주장한다. 자연의 법칙과 과정을 바꾸기보다 화해하고 받아들일 때 비로소 자연을 생산적으로 사용할 수 있다는 것이다. 산업혁명과 유례없는 물질적 풍요를 불러온 과학혁명의 탄생은 사람들이 베이컨의 조언에 따라 자연에 순응하였기에 ―자연의 법칙을 신비적 믿음으로 대체하지 않고 자연 세계를 있는 그대로 받아들였기에― 가능했다.

베이컨의 조언은 주변 세상과 마찬가지로 우리의 내면에도 적용된다. 완벽주의자는 자신의 본성을 무시하고 현실에서 느끼는 고통스러운 감정을 받아들이기를 거부하므로 무거운 짐을 지게 된다. 반면, 최적주의자는 본성을 인정하고 다양한 감정을 현실의 일부로 받아들이므로 삶을 즐길 수 있다. 과학자들이 중력, 열역학 등과 같은 물리적 자연 법칙을 받아들임으로써 중요한 과학기술의 발전을 이루었던 것처럼, 우리도 역시 본성의 법칙을 받아들임으로써 좀 더 풍요롭고 충만한 삶을 살 수 있다. 좋든 싫든 고통스러운 감정은 우리 본성의 일부이기 때문이다.

더욱 불안하게
더욱 안절부절못하게

막힌 도관에 물을 넣으면 물이 자유롭게 흐르지 못하기 때문에 압력이 엄청나게 증가한다. 고통스러운 감정도 마찬가지다. 도관의 수압이 계속 높아지면 마침내 폭발하는 것처럼 고통스러운 감정들을 계속 억누르면 예기치 않은 때에 감정이 폭발할 수 있다. 대부분의 완벽주의자가 저지르는 오류다. 반면, 최적주의자는 감정적인 압력이 폭발할 정도로 오랜 시간 고통스러운 감정을 내버려 두지 않는다. 대신 그대로 받아들인다. 불안감을 느끼는 데 대해 자책하기보다는 부정적인 감정이 자유롭게 흘러가도록 둔다. 그렇게 할 때, 고통으로부터 받는 압력이 줄어든다.

선종을 서구에 소개하기 위해 노력한 철학자 앨런 와츠는 "보통 사람이 선사禪師와 다른 점은, 보통 사람은 자신의 인간성과 조화를 이루지 못한다는 것"이라고 말했다. 자신과 자신의 감정을 거부하지 않고, 있는 그대로 받아들일 때 자신의 인간성을 상대로 부질없는 싸움을 계속하면서 지녔던 무거운 짐을 내려놓게 된다.

심리학자 빅터 프랭클은 스트레스나 불안감을 극복하기 위한 방법으로 '역설적 의도'라는 기법을 제안했다. 프랭클은 불안감을 없애려고 노력하지 말고, 더욱 불안해지고 더욱 안절부절못하도록 자신을 부추기라고 제안한다. 그러면 불안감이 몸 안에 자유롭게 흐르다가 저절로 힘이 약해진다는 것이다.

나는 이 방법을 사용해서 대중 연설에 대한 불안감을 극복했다. 불안감과 싸우는 대신 더 불안해하고 더 긴장하라고 나 자신을 독려했다. 그러자 오히려 마음이 평온하고 차분해졌다.

유사한 방법으로, 치료사이며 연구원인 데이비드 발로와 그의 연구진은 스트레스와 불안감을 극복하기 위한 방법으로 걱정 노출법worry exposure을 제안한다. 심한 불안감에 시달리는 내담자에게 그를 불안하게 하는 원인과 관련해서 최악의 시나리오를 상상하게 하는 것이다.[2]

예를 들어, 그들은 내담자에게 다음과 같이 지시한다. "최악의 사건이 일어난다고 상상하고 최대한 그 상상에 의식을 집중하십시오. 그 생각이나 이미지를 피하지 마십시오. 그것을 피하면 이 연습이 아무 소용이 없습니다."[3]

이 방법은 불안감과 불편한 감정을 강화하여 내담자로 하여금 그 감정을 충분히 느끼게 한 다음, 마음을 차분하게 가라앉게 한다. 그 뒤에 그러한 터무니없는 생각을 극복하도록 한다. 내담자들은 종종 불안감이 어느새 저절로 사라진 것을 알고 놀란다.

불교 승려이며 학자인 마티유 리카르는 "분노를 들여다볼수록 아침 햇살에 눈이 녹듯이 눈앞에서 분노가 사라진다"고 말한다. 질투, 슬픔, 불안감, 증오와 같은 다른 고통스러운 감정도 마찬가지다.

우리는 누구나 자신을 치유하는 능력을 갖고 태어난다. 우리는 몸 안에 들어온 세균과 싸워 이기고, 부러진 뼈를 다시 붙이고, 새 살이 돋아나게 할 수 있다. 이러한 신체적 재생을 위해서는 우리가 갖고 있는 치유력이 그 힘을 사용할 수 있는 시간이 필요하다. 마음의 상처를 치유하는 것도 마찬가지다. 마음의 상처를 치유하기 위해서는 우리가 느끼는 '감정의 고통'에 주목해야 한다. 모든 상처에 전문적인 치료가 필요한 것은 아닌 것처럼, 많은 경우 마음의 상처도 외부의 도움 없이 우리가 가진 치유력으로 충분히 치료할 수 있다.

옥스퍼드대학 심리학자 마크 윌리엄스와 그의 연구진은 겉으로 드러나는 우울증 증상에 의도적으로 의식의 초점을 맞추는 것만으로 우울증을 극복하고 재발 가능성을 줄일 수 있다는 사실을 발견했다. 그들은 실제로 "우리가 평상시에 문제를 해결하듯이 '잘못'을 고치려고 하면 오히려 우울증이 점점 더 심해진다"는 사실을 알았다.[4] 심리적 문제를 해결하기 위해서는 고치려고 노력하는 것이 아니라 받아들이고 인정해야 한다.

윌리엄스는 자연 치유력이 바로 이러한 방식으로 작용한다고 설명한다. "신체적인 불편함을 제거하거나 무시하는 것이 아니라 자신의 감정에 호기심을 갖고 주목함으로써 우리의 경험을 변화시킬 수 있다"는 것이다. 감정을 받아들인다는 것은 감정을 우호적으로 바라보고 우리 본성의 일부이자 흥미롭고 가치 있는 무언가로 맞이한다는 의미이다. 나는 강의를 하기 전에 느끼는 불안을 떨치거나 그로 인해 나타나는 신체적 증상을 쫓으려 하지 않았다. 단지 내가 불안해하고 있음을 인지함으로써 불안감을 가라앉힐 수 있었다.

여기서 고통스러운 감정을 '받아들이는 것'과 '반추하는 것'을 구분해야 한다. 받아들이는 것은 어떤 감정을 느끼면서 조용히 있는 것이고, 반추하는 것은 그 감정에 대해 편집적으로 생각하는 것이다. 어떤 감정이나 사건을 반추하는 것은 비생산적이고 감정을 강화할 뿐이다. 따라서 반추하는 것은 문제의 일부이며 해결책이 아니다.[5]

하지만 어떤 감정과 그 원인에 대해 생각하고 분석하는 것이 전혀 도움이 되지 않는다는 의미는 아니다. 다만 생각하는 것보다 말이나 글로 표현하는 것이 낫다.[6] 심리학자 제임스 페니베이커는 학생들을 대상으로 4일 연속 20분씩 그들이 겪은 힘든 경험에 대해 쓰게 하는 실험을 했다. 실험 결과는 놀라웠다. 실험에 참여한 학생들이 좀 더 행복해지고 몸도 건강해진 것이다.[7] 한편 글을 써서 표현하는 것만큼이나 신뢰할 수 있는 사람에게 말로 생각과 감정을 털어놓는 것도 도움이 된다.

우리에게는 감정을 표현할 기회가 필요하다(그렇다고 거리를 걷다가 비명을 지르거나 얄미운 상사에게 대들라는 이야기는 아니다). 화가 나고 불안할 때 친구에게 이야기를 하고, 두렵거나 질투가 날 때 일기를 쓰고, 비슷한 문제로 고민하는 사람들과 만나 도움을 주고받거나, 슬프거나 기쁠 때 혼자서 또는 사랑하는 사람 앞에서 눈물을 흘릴 수 있어야 한다.

지옥을 피하면
천국도 멀어진다

첫 아들 데이비드가 태어났을 때, 아내와 나는 소아과 의사에게서 소중한 조언을 들었다.

"앞으로 몇 달 동안 두 분은 온갖 감정들을 느낄 겁니다. 종종 그동안 경험하지 못했던 극단적인 감정 때문에 당혹스러울지도 모릅니다. 기쁨과 분노, 경이로움과 좌절, 행복과 원망, 이런 감정들 말이에요. 하지만 그것은 '정상'적인 반응입니다. 누구나 겪는 일이죠."

그의 말이 맞았다! 데이비드가 태어나고 기쁠 때도 있었지만 그에 못지않게 힘든 때도 있었다. 예를 들어, 데이비드가 생후 한 달이 되었을 때 나는 아이에게 질투를 느끼기 시작했다. 왜? 아내와 만난 이후 처음으로 그녀의 관심이 내가 아닌 다른 누군가에게 더 많이 집중되었기 때문이다. 처음 질투를 느꼈을 때, 나는 나 자신을 위선자로 분류하고 내 사랑의 진정성을 의심했다. 어떻게 아들을 사랑하면서 동시에 질투를 할 수 있을까?

다행히도 그때 우리가 느끼는 모든 감정은 본질적으로 인간적이며 자연스러운 것이라는 소아과 의사의 말이 생각났다. 그 의사의 조언은 나에게 두 가지로 도움이 되었다. 첫째, 나는 질투라는 감정을 거부하고 억누르지 않고 받아들였기 때문에 그 감정은 점차 수그러들다가 저절로 사라졌다. 둘째, 죄책감 때문에 주눅 들지 않고 아들에게 마음껏 사랑의 감정을 느낄 수 있었다.

건강한 정서 생활을 하기 위해서는 가장 먼저 감정을 받아들여야 한다. 부정적인 감정이 흐르는 통로를 차단하면 결국 긍정적인 감정의 흐름까지 제한되기 때문이다. 긍정적이든 부정적이든 모든 감정의 흐름은 같은 시스템 안에서 움직이므로 한 가지 감정을 차단하면 다른 감정을 느끼는 능력까지 감소하는 것이다. 실패한 뒤에 오는 좌절감을 받아들이지 않는다면 성공의 기쁨도 느낄 수 없다. 연인에게 화가 나는 감정을 인정하지 않는다면 사랑하는 감정도 제한을 받는다. 두려움을 거부하면 용기를 내지 못한다. 질투의 감정을 허락하지 않으면 관대해질 수 없다. 심리학자이자 철학자인 에이브러햄 매슬로의 말처럼 "마음속 지옥을 피하려고 하면 마음속 천국에서도 멀어진다."

누구도 긍정적인 감정만 느끼는 '완벽한' 삶을 살 수 없다. 고통스러운 감정을 거부함으로써 완벽한 삶을 살려고 하면 고통이 더욱 심화될 뿐이다. 최고의 삶을 위해서는 우리 자신에게 오는 모든 감정을 온전하게 느끼고 표현할 수 있어야 한다.

감정을 수용하는 것은
단념하는 것과 다르다

나다니엘 브랜든은 감정의 수용에 대해 다음과 같이 설명한다. "감정을 기꺼이 경험하고 받아들이라는 것은 감정에 따라 행동해야 한다는 의미가 아니다. 어느 날 아침, 출근하기 싫을 수 있다. 이때 그 감정을 부정하지 말고 받아들여야 한다. 그런 다음에 일하러 나가면 좀 더 분명한 목적의식을 갖고 일할 수 있다. 자기 자신을 속인 상태에서 하루를 시작하지 않았기 때문이다. 부정적인 감정이 하고 싶은 말을 실컷 하고 나서 스스로 떠날 수 있도록 해야 한다."[8]

같은 맥락에서 심리학자 존 카밧진은 "지금 이 순간을 수용한다는 것은 뭔가를 단념하는 것과는 다르다. 단지 지금 뭔가가 일어나고 있다는 사실을 분명하게 인지하는 것이다"라고 말한다.[9] 내담자 중심 치료법의 창시자인 칼 로저스는 "우리는 우리 자신을 있는 그대로 받아들일 때 비로소 변화할 수 있다"고 말한다.[10] 우리가 변화하길 원한다면 가장 먼저 '받아들이는 단계'를 거쳐야 한다. 예를 들어, 자신이 남의 눈치를 보는 성격이고, 그 성격을 바꾸고 싶다면 그런 성격을 가진 자신을 자책하는 것은 별 도움이 되지 않는다. 그런 면을 있는 그대로 받아들여야 좀 더 자신감을 가질 수 있다. 우리 자신을 있는 그대로 인정할 때 비로소 가슴과 머리가 변화할 준비를 하게 된다. 어떤 감정을 받아들이라는 것은 그 감정을 좋아하라는 의미가 아니다. 또한 그 감정에서 비롯될 행동을 받아들이라는 뜻도 아니다. 우리 자신에게 그러한 감정을 느낄 수 있는 여유를 주라는 것이다. 이 사실을 깨닫고 난 후에도 여전히 나는 아들에게 질투심을 느끼지만 아들에게 친절하게 행동한다. 여전히 강의하기 전에 불안감을 느끼지만 그래도 강의를 잘해낸다. 이것이 수동적인 단념과는 반대되는 능동적인 수용의 핵심이다.

끝내 감정을
받아들이지 않는다면

내가 컨설팅하고 있는 한 회사의 CEO가 어느 날 리더십 세미나에 대해 관심이 있다고 연락을 주었다. 그래서 나는 리더십 전문가이자 훌륭한 연사인 내 친구에게 도움을 청해 함께 세미나를 계획하고 강의를 시작했다. 하지만 곧 나는 그에게 세미나를 함께하자고 제안한 것을 후회했다. 친구가 내 의뢰인과 친분을 맺고 참가자들이 그의 강의에 열광하는 것을 보자 몹시 질투가 났기 때문이다.

나는 친구에게 질투를 느낀다는 사실을 인정하기 힘들었고, 그런 나 자신에게 몹시 화가 났다. 화가 난 나머지 사흘 동안 잠도 제대로 자지 못했다. '어떻게 친구를 질투할 수 있지? 나 자신을 비롯한 모든 관련자가 그에게서 많은 것을 배우고 있는데, 어떻게 그에게 도움을 청한 것을 후회할 수 있을까?'

고민 끝에 나는 부끄러움을 무릅쓰고 내가 느끼는 감정과 생각을 그에게 털어놓고 조언을 구하기로 마음먹었다. 그런데 내가 그에게 솔직하게 마음을 털어놓은 그날, 뜻밖의 답변을 들었다. 그 역시 내 강의를 보면서 질투를 느꼈다는 것이다. 이날 우리는 서로에게 느끼는 질투의 감정에 대해 이야기를 나누었다. 그리고 질투는 자연스러운 감정이며 어느 정도는 불가피하다는 결론을 내렸다. 그렇게 이야기를 나누고 나니 둘 다 기분이 한결 좋아졌다. 그날 이후로 우리는 계속 서로의 감정에 대해 솔직하게 이야기를 나누었고 예전보다 더 가까운 사이가 되었다.

어떤 감정들은 피할 수 없다. 누구도 질투나 두려움이나 분노나 불안감에서 벗어날 수 없다. 문제는 우리가 그런 감정을 느낀다는 사실이 아니라 그 감정을 처리하는 방식에 있다. 우선 감정을 거부할 것인지, 억누를 것인지, 있는 그대로 인정할 것인지 선택해야 한다. 둘째는 충동적으로 행동할 것인지(질투를 느끼는 대상을 멀리할 것인지), 아니면 건설적으로 행동할 것인지(질투를 느끼는 대상과 협력할 것인지) 선택해야 한다.

만일 친구를 질투할 수 있다는 사실을 인정하지 않는다면 그에게 못되게 행동하고, 그런 행동을 다른 변명으로 합리화할 것이다. 만일 누군가에게 데이트 청하기를 두려워한다는 사실을 인정하지 않으면 그 사람을 피하며, 그 사람은 어차피 마음에 들지 않는 사람이었다고 스스로를 설득할 것이다. 만일 내가 앞의 사례에서 친구를 질투하고 있다는 사실을 부정했다면 나는 그에게 느끼는 불편함을 다른 식으로 해석하려 했을 것이다. 우리는 감정과 이성의 동물이기 때문에 어떤 감정을 느끼면 그 이유를 찾으려고 한다. 따라서 어떤 불편한 감정을 느끼는 이유를 자신에게서 찾지 못하면 다른 사람들을 탓하는 것으로 그 감정을 정당화하려 한다. 우리는 종종 우리 자신의 잘못을 정당화하기 위해 상대방을 비난한다.

원하지 않는 생각이나 감정을 억누르면 또 다른 피해를 당할 수 있다. 심리학자 레너드 뉴먼과 그의 연구진은 '방어적 투사'라는 연구에서 "사람들은 자신의 잘못을 인정하고 싶지 않을 때 다른 사람에게서 같은 잘못을 찾으려고 한다"고 발표했다.[11] 그래서 흰 곰에 대한 생각을 억누르면 억누를수록 자꾸 떠오르듯 시도 때도 없이 다른 사람에게서 자신과 같은 잘못을 발견한다. 만일 내가 앞의 사례에서 친구를 질투하는 감정을 부정했다면 아마 그 친구의 다른 잘못을 찾아내 비난했을 것이다. 내 감정을 억누르는 것으로 시작해서 결국 나 자신과 그 친구, 우리의 관계, 그리고 다른 사람에게까지 피해를 주었을지도 모른다.

예를 들어, 연인에게 화가 나는 감정을 인정하지 않는다면 그 분노를 밖으로 '투사'해서 연인이나 다른 사람에게서 그러한 감정을 발견해낸다. 그리고 의도치 않게 그에게 상처를 준다. 만일 직장에서 해야 할 말을 하지 않거나 마음에도 없는 말을 하는 등 진정성 없이 행동하면서 그러한 자신의 행동을 인정하지 않는다면, 우리 주변의 모든 것이 거짓으로 보인다. 결국 다른 사람을 부당하게 비판한다.

만일 우리가 중력의 법칙을 인정하지 않는다면 어떻게 될까? 무엇보다 모든 물체가 위에서 아래로 떨어진다는 사실을 무시한다면 우리는 아마 오래 살지 못할 것이다. 살아 있다고 해도 일상생활이 얼마나 황당하고 당황스러울지 상상해보자. 따라서 좋든 싫든, 중력의 법칙을 인정하고 그 제약 안에서 사는 법을 배워야 한다.

중력의 법칙이 물리적 자연의 일부인 것처럼, 고통스러운 감정은 인간이 지닌 본성의 일부다. 그럼에도 불구하고 대부분의 사람이 중력의 법칙은 인정하고 받아들이지만 고통스러운 감정은 부정하고 거부한다. 충만하고 건강한 삶을 살기 위해서는 다른 자연 현상과 마찬가지로 우리의 감정을 받아들여야 한다. 중력의 법칙을 기정사실로 받아들일 때 고속으로 날아가는 기계를 발명하거나 그 법칙을 이용하는 운동경기(중력이 없는 올림픽을 상상해보자)를 고안할 수 있다. 마찬가지로 고통스러운 감정을 포함하여 인간의 본성을 있는 그대로 받아들일 때 우리는 원하는 삶을 좀 더 수월하게 설계할 수 있다. 자연의 법칙을 인정하지 않는 엔지니어가 설계한 비행기를 누가 사고 싶어 하겠는가? 인간의 본성도 자연의 법칙처럼 인정하고 받아들여야 한다. 이것은 우리 자신의 행복이 걸려 있는 중요한 문제다.

감정에 적절하게 대처하는 법

우리가 느끼는 어떤 감정에 대해 자책하는 것은 공정하지 못하다. 옳고 그름을 판단하는 도덕적 평가는 선택권이 있을 때만 유효하다. 선택권이 없는 문제는 도덕적 평가를 할 수 없다. 예를 들어, 중력의 법칙이 마음에 들지 않을 수는 있지만 중력 그 자체를 두고 그것이 옳거나 그르다고 판단할 수는 없다. 마찬가지로 우리는 '두려움'이라는 감정을 싫어할 수는 있지만 그 감정 자체의 옳고 그름을 평가할 수는 없다. 감정은 그 자체로 존재할 뿐이다. 그러나 감정에 어떻게 반응하여 행동하느냐에 따라서는 이야기가 달라진다. 예를 들어, 친구를 질투한다고 해서 나쁜 친구가 되는 것은 아니다. 하지만 질투라는 감정을 인정하지 않고, 그 감정 때문에 친구의 성공을 방해한다면 나쁜 친구가 된다. 또 다른 예로 마음에 드는 사람에게 데이트를 신청하기 겁이 난다고 해서 내가 비겁한 사람이 되는 것은 아니다. 하지만 거절당하는 것이 두려워 도망을 치는 것은 비겁한 행동이다.

남아프리카공화국 최초의 흑인 대통령이자 흑인인권운동가인 넬슨 만델라는 오프라 윈프리와의 인터뷰에서 능동적인 수용의 가치에 대해 이야기했다. 그는 인종차별 정권에 대해 느끼는 감정을 다음과 같이 이야기했다.

"우리의 감정은 백인 다수가 적이므로 그들과 절대 대화하지 말자고 말했습니다. 하지만 우리의 이성은 만일 그들과 대화하지 않으면 우리나라는 화염에 휩싸이고, 앞으로 오랜 세월 피로 뒤덮일 것이라고 말했습니다. 그래서 우리는 타협을 해야 했습니다. 적과의 대화는 우리의 이성이 감정을 지배한 결과입니다."

만델라는 솔직하게 자신의 감정을 인정했다. "과거에 그들이 무슨 짓을 했는지 생각하면 화가 치밀지만, 그것은 나의 감정입니다. 결국 항상 이성이 이깁니다." 만델라는 자신을 27년간 감옥에 가두고 피부색 때문에 흑인 수백만 명을 핍박한 인종차별주의자들에게 온정을 느끼는 척 가장하지 않았다. 그는 원망, 분노, 복수심을 느꼈고, 그 감정이 실재함을 인정하고 받아들였다. 그렇게 함으로써 오히려 이성적으로 생각하고 행동할 수 있었다. 결국 그는 부정적인 감정을 받아들인 뒤에 압제자들에 대한 용서와 화해를 선택함으로써 남아프리카공화국의 변화를 이끈 지도자가 될 수 있었다.

우리는 누구나 자신이 되고 싶어 하는 이상적인 자아상을 갖고 있다. 그러한 이상적인 자아상과 항상 일치하는 감정을 느낄 수는 없지만(예를 들어, 언제나 두려움이 없고 동정적인 감정) 행동은 그렇게 할 수 있다.(예를 들어, 용기 있고 관대한 행동).

긍정적인 수용은 상황을 있는 그대로 인정하고 나서 가장 적절하다고 생각하는 행동 방향을 선택하는 것이다. 두려움을 느끼면서도 용기 있게 행동하고, 질투를 느끼면서도 자애롭게 행동하고, 인간성을 받아들이고 인간애를 발휘하는 것처럼 우리는 매 순간 어떻게 행동할 것인지 선택할 수 있다.

사랑하는 사람을
떠나보낼 때

사랑하는 사람을 잃어버렸을 때 느끼는 고통은 말로 형언하기 어렵다. 홀로 뒤에 남은 사람은 종종 사랑하는 사람이 떠나고 없는 세상을 어떻게 살아야 할지 막막하기만 하다. 하지만 그다음에 일어나는 일은 사람에 따라 크게 달라진다. 어떤 사람은 상실감에서 헤어나지 못하고 고통스러운 삶을 살아간다. 어떤 사람은 한동안 슬퍼하다가 일어나서 이전의 생활로 돌아간다. 로렌스 캘훈과 리처드 테데시가 '외상 후 성장'이라고 부르는 것을 경험하는 사람도 있다. 그 사람은 상실감에서 심오한 내적 변화를 경험하고 전보다 더욱 삶에 감사하며 사람들과의 관계를 돈독히 하고 좀 더 탄력적인 사람이 된다.[12]

1997년 12월 19일 보니는 서른 번째 생일을 2주일 앞두고 세상을 떠났다. 그녀가 탑승한 자카르타 발 실크에어 185기가 오후 5시에 추락한 것이다. 싱가포르의 창이국제공항에 도착하기로 예정된 시간보다 1시간 전, 그리고 비치로드의 호텔에 묵고 있는 나에게 전화하기로 했던 시간보다 2시간 전이었다.

7시 15분이 되어도 보니에게 연락이 오지 않자 나는 비행기가 연착되었는지 알아보려고 공항에 전화를 걸었다. 그런데 평소와는 달리 교환원이 계속 전화를 이리저리로 돌렸다. 그때부터 나는 마음이 불안해졌다. 마침내 한 교환원과 전화 연결이 되었다.

"항공편에 대해 자세히 알고 싶으시면 공항으로 나오셔야 합니다."

교환원이 말했다.

"왜죠?"

내가 물었다.

"좀 더 알고 싶으시면 공항으로 나오셔야 합니다."

교환원이 반복해서 말했다.

나는 전화를 끊고 공항에 다시 전화를 했다. 하지만 다른 교환원에게서도 똑같은 말을 들었다.

마음이 다급해진 나는 거짓말을 했다.

"지금 자카르타에 있어서 공항에 갈 수 없습니다. 제발 좀 알려주세요."

교환원은 사무적인 말투로 말했다.

"2시간 전에 비행기와의 레이더 접촉이 끊어졌습니다. 더 이상 정보가 없습니다."

그 순간 나는 다리에 힘이 풀려 바닥에 주저앉았다. 그리고 비명을 질렀다. 태어나서 지금까지 그렇게 소리를 지른 적이 없었다. 몸도 마음도 모두 무너져버렸다.

보니는 내 목숨을 다 바쳐서 평생 지켜주고 싶은, 그런 여자였다. 그녀를 잃고 난 뒤 나는 참을 수 없는 고통을 겪었다. 특히 처음 8개월은 숨을 쉬는 것조차 고역이었다. 그 고통은 너무 지독해서 영원히 끝나지 않을 것 같았다. 내 삶의 다른 어떤 것보다 확고하고 영원히 계속될 것처럼 느껴졌다.

하지만 마침내 영원할 것만 같았던 고통이 가라앉았고 나는 점차 회복했다. 어떻게 그럴 수 있었을까? 정서적 성숙은 제쳐 놓고라도 감정의 치유는 어떻게 일어나고 어떤 회복 과정을 거치는 것일까?

우리의 인지 발달 과정을 들여다보면 감정 발달 과정에 대해 힌트를 얻을 수 있다.

인지 불균형 이론은 우리의 정신적 발달을 벽돌에 비유해서 설명하고 있다. 우리는 새로운 정보나 지식을 벽돌을 쌓듯 차곡차곡 쌓아올린다. 그 벽돌 구조는 시간이 갈수록 높아지다가 불안정해진다. 균형을 잃고 흔들리다가 결국 무너진다. 불균형이 일어나면, 오래된 구조가 무너지고 벽돌이 떨어진 잔해가 새로운 구조의 기초가 된다. 이 기초는 이전의 것보다 더 넓기 때문에 더 높은 구조를 지탱할 수 있다. 더 넓어진 기초 위에 더 많은 벽돌이 쌓이나 그 구조 역시 결국 불안정하다. 그 구조가 무너지고 다시 더 넓은 기초가 형성된다.

우리가 깨달음을 얻었을 때 "아하!" 하고 외치는 유레카 경험 역시 이러한 과정에서 일어난다. 깨달음은 보통 오랜 시간에 걸친 노력이 빛을 보는 결과다. 우리는 많이 배울수록 인지 구조에 더 많은 벽돌을 쌓아올리게 된다. 마침내 그 인지 구조가 균형을 잃고 무너지면 더욱 튼튼한 기초가 만들어지면서 그 위에 더 넓고 더 높은 구조를 지탱할 수 있게 된다. 유레카 경험은 기존의 지식 구조가 무너지고 지식의 파편들이 다른 방식으로 결합하면서 발생한다. 그 새로운 통찰은 우리가 배울 수 있고 계속 쌓아올릴 수 있는 지식이 된다.

전반적인 지식 분야에서는 이와 같은 과정이 더욱 큰 규모로 일어난다. 과학철학자 토머스 쿤은 "어느 분야 내에서 오래된 패러다임이 더 이상 새로 축적되는 지식을 받아들여 설명할 수 없게 되면 패러다임에 변화가 일어난다"고 말했다.[13] 벽돌 탑처럼 오래된 패러다임이 무너져 내려 새로운 기초를 형성하고, 그 기초 위에서 새로운 패러다임이 형성된다. 그 새로운 패러다임이 더 이상 지식의 축적을 담아내지 못하고 무너지면 다시 한번 그 잔해 위에서 또 다른 패러다임이 생겨나는 과정을 반복한다.

불균형 모델은 사고의 영역과 마찬가지로 감정의 영역에도 적용된다. 각각의 감정의 경험은 기존의 정서 구조 위에 올리는 새로운 벽돌과 같다. 얼마 뒤 그 구조는 너무 높아지고 정서적 불균형이 일어 벽돌이 무너져 새로운 기초를 형성한다. 그 기초는 더 넓어지며 이전보다 튼튼해져 더 큰 부담을 견딜 수 있게 된다.

앞에서 이야기한 감정이 흐르는 도관에 비유하면, 더 넓어진 기초는 더 넓어진 도관과 같다. 감정의 흐름을 좀 더 많이 수용할 수 있고, 고통스러운 감정이든 즐거운 감정이든 더 많은 양의 감정을 효과적으로 처리할 수 있다.

칼릴 지브란은 『예언자』에서 우리가 슬픔을 경험할 때마다 기쁨에 대한 수용력이 향상한다고 말한다.

기쁨은 가면을 벗은 슬픔이다.
웃음이 샘솟는 바로 그 우물은 종종 눈물로 가득 찬다.
그도 그럴 것이
슬픔이 우리 존재를 깊이 파고들수록 우리 안에 더 많은 기쁨을 담
을 수 있으니. [14]

보니의 죽음 이후 나는 정서적 균형을 잃고 무너져내렸다. 그리고 그 후에 천천히 다시 일어섰다. 극심한 감정의 경험은 정서적 불균형을 가속화해서 외상 후 성숙으로 이어질 수 있다.

정서적 불균형은 부정적인 경험을 통해서만 일어나는 것은 아니다. 우리는 우리 자신에게 감정을 허락할 때마다 성숙한다. 우리는 기쁨, 황홀경, 환희의 순간 등 절정의 경험을 통해 변화한다. [15] 예를 들어, 여성들은 출산 경험을 통해 좀 더 강해지고 행복해지고 평온해지고 관대해지는 등 내면의 변화를 겪었다고 말한다. 또한 소설을 읽거나 그림을 감상하는 것과 같은 심미적 경험을 통해 세상에 대한 이해가 깊어지고, 감정의 수문水門이 열린다. 심오한 종교적 체험을 통해서는 주변 세상을 바라보는 관점이 변화하고 영적인 깨달음을 얻을 수 있다. 하지만 무엇보다 이러한 긍정적이고 부정적인 감정의 경험들이 우리에게 성숙하게 하는 기회를 제공한다는 사실을 '인지' 하는 것이 중요하다. 그리고 그러한 경험들이 이끌어내는 감정이 저절로 우리를 성숙하게 하는 것은 아니므로 마음을 열고 그 감정을 끌어안아야 한다.

이밖에도 감정적 성숙과 인지적 성숙 사이에는 많은 유사점이 있다. 독단주의dogmatism는 다른 관점을 고려하지 않고 자신의 견해와 생각을 고집하는 폐쇄적인 사고방식에서 비롯된다. 마음을 열고 다른 방식으로 세상을 바라보고 이해하려고 하지 않는다면 지적성장, 유레카경험, 패러다임의 변화와 같은 인지 불균형cognitive disequilibration은 일어나지 않는다. 마찬가지로 마음을 닫고 다양한 감정을 받아들이지 않는 것은 감정적 독단주의라고 할 수 있다. 강렬한 감정을 경험하지 않으려고 한다면 우리가 성숙하기 위해 필요한 정서적 불균형도 일어나지 않는다.

엄격하고 완고한 완벽주의자는 감정적 독단주의자다. 그는 긍정적인 감정의 흐름을 유지하기 위해 고통스러운 감정들을 억누른다. 인지적 독단주의(닫힌 사고)와 감정적 독단주의(닫힌 마음)는 결국 우리의 성장을 멈추게 한다.

건강한 슬픔을
느끼는 4단계

심리학자 콜린 머리 파크스는 '사별에 대한 연구'에서 남편을 잃은 미망인들이 감정을 표현하지 않으면 더 오랜 기간 몸과 마음의 병을 앓게 된다고 말한다. 소설가 마르셀 프루스트의 말대로 고통은 마음껏 표현해야 치유가 된다. 제임스 페니베이커는 "배우자의 죽음에 대해 자주 이야기하는 사람일수록 더 건강하다"는 연구 결과를 밝혀냈다. 슬픔을 느끼고 받아들여야 시간이 어느 정도 지났을 때 스스로 삶을 꾸려갈 수 있다.

슬픔과 관련해서 광범위한 연구를 한 심리치료사 윌리엄 워든은 애도의 과정을 4단계로 보았다.[16]

첫 번째 단계	사랑하는 사람이 떠난 현실을 받아들임.
두 번째 단계	슬픔의 고통을 겪음.
세 번째 단계	고인이 없는 삶에 적응함.
네 번째 단계	앞으로 나아감.

첫 번째 단계는 사랑하는 사람이 떠났다는 사실을 인정하지 않거나 고인과의 관계가 지닌 의미를 축소하는 식의 '현실 부정을 극복하는 것'이다. 건강한 회복을 위해서는 현실을 받아들여야 한다. 고인은 다시 돌아오지 않는다는 사실, 그리고 그의 존재가 중요한 의미가 있

었다는 사실을 인정해야 한다.

　두 번째는 슬픔의 고통을 이겨내는 단계다. 감정을 억누르고 자제하고 냉정해지려고 노력하기보다는 자연스럽게 일어나는 감정을 충분히 느끼고 말과 눈물로 표현하는 것이 필요하다. 사랑하는 사람을 떠나보내 눈물 흘리는 사람에게 사람들은 그만 슬퍼하고 정신을 차리라고 조언한다. 의사들은 항우울증 약을 처방해준다. 이런 방법은 종종 슬픔과 고통을 더 오래 지속시킨다. 슬픈 감정을 표출하지 않고 겉으로 '의연'하게 행동하는 사람일수록 회복이 더디다. 『위대한 개츠비』를 쓴 소설가 F. 스콧 피츠제럴드의 말처럼 "기운을 북돋워주는 눈물 속에 마음껏 빠져 있지 못하기" 때문이다. 이 단계는 시간이 꽤 걸리며 많은 인내도 필요하다. 서두른다고 해결되지 않으므로 자연스러운 속도로 이 과정을 지나가야 한다. 히브리어로 '인내'라는 뜻의 savalanut는 '고통'이라는 뜻의 sevel과 어원이 같다. 때로 인내는 고통을 견디는 것이다.

　세 번째는 새로운 현실에 적응하는 단계다. 살아남은 사람은 고인이 남기고 간 빈자리를 채워야 한다. 고인의 역할을 대신해줄 무언가로 그 자리를 채우거나 누군가와 새로운 관계를 시작해야 한다. 현실에 적응하지 않고 피하려고 하면 회복속도가 느려진다.

　마지막 단계는 자리에서 일어나 앞으로 나아가는 것이다. 이 단계는 고인을 배신하거나 자신의 가치관을 버리는 것처럼 느껴질 수 있다. 그가 없는 삶을 내가 어떻게 즐길 수 있는가? 진정 그를 사랑한다면 그가 없는 현재의 삶이 어떤 의미가 있겠는가? 이런 질문을 해결하는 방법은 마음속에 고인을 위한 자리를 남겨놓는 동시에 또 다른 관계와 즐거운 활동에 시간과 노력을 투자하는 것이다.

워든의 4단계는 능동적인 수용의 과정을 보여준다. 첫 번째, 두 번째 단계는 수용에 관한 것이다. 상실감과 이성적으로 화해하는 인지적 수용과 고통을 경험하는 감정적 수용, 이 두 가지는 모두 상실감을 극복하는 데 꼭 필요하다. 세 번째와 네 번째 단계는 현실에 적응하고 앞으로 나아가는 능동성에 관한 것이다.

사랑하는 사람의 물리적인 죽음 외에도 종종 우리를 슬프게 하는 일들이 일어날 수 있다. 소중한 관계가 어긋나거나 연인이 먼 곳으로 떠나거나 직장을 잃었을 때 우리는 슬픔을 느낀다. 어떤 종류의 상실을 겪든지 워든의 4단계를 통과하면 슬픔을 치유하고 정서적으로 성장하는 데 도움이 된다. 만약 이 4단계를 순서대로 또는 약간씩 중복해서 경험하지 않으면 치유 과정이 제대로 이루어지지 못하여 장기적인 문제가 될 수 있다.

랠프 월도 에머슨은 27세에 사랑하는 아내 엘렌을 떠나보냈다. 그는 재혼하고 아버지가 된 후 다시 두 살배기 아들을 잃었다. 「보상 Compensation」이라는 제목의 수필에서 우리는 그의 인생관과 낙관주의를 읽을 수 있다. 그 수필의 마지막 단락에 나오는 외상 후 성장에 대한 이야기는 절망에 빠져 있던 내게 희망을 주었다.

재난에 대한 보상은 세월이 흐른 뒤에야 분명하게 이해할 수 있다. 열병, 피해, 뼈저린 실망, 재산 손실, 친구의 죽음 등을 마주하는 순간에는 그 무엇으로도 보상받을 길이 없을 것만 같다. 하지만 세월이 흐르면 모든 사건 아래 깊은 곳에 존재하는 보상이 드러난다. 사랑하는 친구, 아내, 형제, 연인의 죽음이라는 사건은 우리에게 박탈감밖에 주지 않는 것 같지만, 시간이 지나고 나면 그 경험은 삶의 안내자나 수호신과 같은 역할을 한다. 그래서 유아기나 청년기 때에 보일 법한 모습에서 벗어나거나 직장이나 가정에서 평소에 하던 생활 습관을 버리고 인격적 성숙에 도움을 주는 새로운 방식을 선택한다. 그 결과 담장은 무너지고 정원사가 돌보지 않아 뿌리 내릴 자리조차 없고 되약볕은 쨍쨍 내리쬐는 정원에서 홀로 피어 있는 꽃나무와 같은 처지일지도 모르는 사람이 숲 속의 보리수나무가 되어 많은 이웃들에게 그늘과 열매를 제공하게 된다.[17]

보니가 죽은 지 10년이 넘었다. 어제 나는 찰스 강가를 따라 달렸다. 뉴잉글랜드의 가을이 그 색조와 온기로 내 감각을 깨어나게 했다. 나는 새삼 세상이 아름답다고 느꼈다. 얼마 전만 해도 모든 빛과 목적을 잃어버렸던 나라는 존재가 어떻게 그 색깔과 희망을 되찾았는지 놀라울 따름이다.

2009년 8월. 나는 네 살배기 아들 데이비드와 이스라엘 라마트간의 슈퍼마켓에서 줄을 섰다. 우리 앞에서 한 군인이 계산대 위에 식료

품을 내려놓고 있다.

"저 아저씨는 왜 군인이 된 거죠?"

데이비드가 묻는다.

"그건," 내가 대답한다. "열여덟 살이 되면 군대에 가야 하기 때문이지."

데이비드는 잠시 머뭇거리며 동경하는 눈길로 그 군인을 쳐다보고 말한다.

"나도 크면 군인이 되고 싶어요."

군인은 짐을 들고 나가며 데이비드에게 미소를 보낸다. 데이비드도 그에게 미소로 답한다.

데이비드의 눈에 장난감이 들어온다. 계산대 옆에 매달려 있는 빨간 물안경을 쓴 초록색 닌자 거북이다.

"아빠, 이 장난감 사주세요."

"안 돼, 데이비드, 집에 비슷한 장난감이 있잖아."

"하지만 그건 오래됐어요. 새것이 갖고 싶어요."

데이비드는 떼를 쓴다.

"안 돼."

나는 굽히지 않는다.

데이비드는 울기 시작한다. 또 다른 사람이 계산하다가 데이비드를 보고 말한다.

"군인은 울지 않는단다."

데이비드는 울음을 그친다.

그 낯선 사람이 걸어 나간다. 데이비드는 아직 눈물을 글썽이며 나를 쳐다본다. 나는 그의 머리를 쓰다듬는다.

"슬프면 울어도 돼. 군인도 슬플 때는 우는 거야."

"그런데 왜 아까 그 사람은 군인은 울지 않는다고 했나요?"

"그 사람이 실수한 거야. 아빠도 가끔 실수하지."

HAPPY TRAINING

'깨어 있는 명상' 하기

수십 년 전부터 몸과 마음의 건강을 위해 깨어 있는 명상을 하면 좋다는 연구 결과가 많이 발표되었다. 깨어 있다는 것은 우리가 지금 이 순간 하고 있는 것에 의식을 집중해서 어떤 판단이나 평가도 하지 않고 '있는 그대로' 받아들이는 것을 의미한다. 지금 여기에 존재하면서 경험을 경험하고 느낌을 느끼도록 스스로에게 허락하는 것이다. 심신의학의 권위자이며 학자인 존 카밧진은 말한다. "깨어있음은 우리의 경험, 선하거나 악하거나 추한 모든 순간을 온전하게 '소유'하는 것이다." [18]

깨어 있는 명상은 받아들이는 훈련에 도움이 된다. 테니스 백핸드를 잘하려면 이론을 이해하는 것은 물론 실제로 연습을 해야 한다. 이처럼 받아들이는 법을 배우기 위해서는 연습이 필요하다.

깨어 있는 명상은 방법 자체는 단순하지만 정기적으로 수행하기는 절대 쉽지 않다. 명상으로 삶의 질을 높이기 위해서는 정기적으로, 가능하면 매일, 적어도 10분에서 20분씩 명상을 해야 한다. 하지만 하루 걸러하거나 일주일에 한 번 하더라도 전혀 하지 않는 것보다는 도움이 된다.

명상 방법은 다양하다. 무엇보다 숙련된 전문가가 지도하는 수업에 참여하는 것이 바람직하다. 우선 여기서는 오늘이라도 시작할 수 있는 간단한 명상법을 소개하겠다.

바닥이나 의자에 앉는다. 편안한 자세를 취하되 등과 목을 똑바로 펴는 것이 좋다. 긴장을 풀고, 의식을 집중하는 데 도움이 된다면 눈을 감아도 된다.

호흡에 의식을 집중한다. 천천히 깊게 숨을 들이마신다. 공기가 뱃속으로 깊숙이 들어가는 것을 느끼고 나서 천천히 부드럽게 숨을 내쉰다. 숨을 들이쉴 때 배가 부풀어 오르고 숨을 내쉴 때 배가 꺼지는 것을 느낀다. 계속해서 몇 분 동안 천천히 숨을 깊이 마시고 천천히 내쉬면서 배가 공기로 가득 찼다가 빠져나가는 느낌에 집중한다. 만일 주의가 다른 곳으로 흐트러지면, 조용히 다시 배가 오르내리는 느낌으로 의식을 가져온다.

뭔가를 변화시키려고 노력하지 않는다. 그냥 그대로 존재한다.

경험을 경험하기

동양과 서양의 심리학을 접목하고 있는 심리치료사 타라 베넷 골먼은 말한다. "깨어 있음은 뭔가를 변화시키려고 애쓰지 않고 있는 그대로 보는 것을 의미한다. 그 목적은 혼란스러운 감정을 거부하지 않으면서 그러한 감정에 대한 반응을 수그러들게 하는 것이다."[19] 고통스러운 감정에 초점을 맞추고 열린 마음과 생각으로 그것을 받아들이고 우리 안에서 흘러가도록 내버려둠으로써 저절로 사라지게 한다는 것이다.

예를 들어 청중 앞에서 극도로 긴장하는 사람이라면 무대 위에 올라가 있는 상상을 해보자. 만일 사랑하는 사람을 잃었는데 시간이 지나도 그 고통이 치유되지 않는다면 그 고인 옆에 앉아서 작별 인사를 하는 상상을 해보자. 또는 특정 상황을 상상하지 않고 생각만으로도 어떤 감정이든 불러올 수 있으므로 느끼고 싶은 감정에 대해 생각해보자. 어떤 방법을 사용했든 감정을 느끼면 그것을 변화시키려고 하지 않고 잠시 그대로 경험해보자.

깨어 있는 명상을 할 때처럼, 계속해서 천천히 깊은 심호흡을 한다. 주의가 흩어지면, 다시 경험하던 감정으로 의식을 가져가고 계속 호흡을 함께한다. 눈물이 나면 흐르게 내버려둔다. 분노나 실망감 또는 기쁨과 같은 감정이 일어나면 그대로 느낀다. 만일 어떤 신체 부위가 어떤 식으로 반응하면 ─ 목이 메거나 심장박동이 빨라지면─ 그것을 변화시키려고 하지 말고, 그 부위에 천천히 숨을 불어넣는 상상을 한다.

이 훈련은 어떤 경험을 자꾸 곱씹어보는 것이 아니라 스스로에게 그 경험을 느끼고 경험하도록 허용하는 것이다. 어떤 감정을 이해하거나 '고치려고' 하지 말고 그 감정과 함께하면서 있는 그대로 받아들이자.

완벽한
성공이라는 환상

만일 내 목표가 '충분함'을 증명하는 것이라면 어떤 일이든 영원히 끝날 수 없다.
이론의 여지가 있다고 인정하는 순간 이미 전쟁에서 진 것이기 때문이다.
— 나다니엘 브랜든 —

그리스 신화 시시포스의 신화는 오만불손하다는 이유로 신들에게서 벌을 받은 인간의 이야기다. 신들은 시시포스가 무거운 바위를 산 위로 밀어 올리면 다시 굴러떨어지도록 해서 그 과정을 영원히 반복하게 하는 벌을 내렸다.

심리학적으로 말하자면, 완벽주의자는 시시포스와 같다. 하지만 시시포스는 신들에게서 벌을 받았지만 완벽주의자는 자청해서 벌을 받는다. 어떠한 성공, 정복, 정상, 목표 달성도 완벽주의자를 충분히 만족하게 하지 못한다. 그는 정상에 오르고 성공을 해도 기쁨도 자부심도 느끼지 못한다. 그래서 또 다른 실망을 안겨줄 목적지를 향해 다시 무의미한 여행을 떠난다.

시시포스의 또 다른 원형으로는 이타카의 왕 오디세우스가 있다. 호머가 발표한 바로는 오디세우스는 그리스군에 합류하여 트로이를 상대로 싸웠다. 전쟁에서 승리한 그는 가족과 국민이 기다리는 고국으로 돌아가려고 했지만 바다의 신 포세이돈이 그의 여행을 방해했다. 오디세우스는 외눈박이 거인 키클롭스와 싸웠고, 식인 거인 라이스트리곤을 간신히 피해 달아났으며, 사이렌의 노랫소리를 견디고 살아남았다. 또한 마녀 키르케의 유혹에 넘어가 아름다운 님프 칼립소의 포로가 되어 7년의 세월을 보냈다. 절망과 기쁨, 어둠과 영광으로 굴곡진 오랜 여행 끝에 그는 마침내 고국으로 돌아가 사랑하는 아내 페넬로페와 재회한다.

심리학적으로 말하면, 오디세우스는 최적주의자다. 인생은 투쟁과 시련과 좌절로 점철되지만 최적주의자는 목적지에서 눈을 떼지 않는 동시에 여행에서 즐거움을 발견한다. 그는 역경에서 배우고 성장하며 고국으로 돌아가겠다는 궁극적인 목표를 추구하고 또한 모험을 즐긴다. 그리고 결국 노력에 대한 보상을 받는다. 그때도 그는 만족하고 감사하며, 자신의 성공과 업적을 하찮은 것으로 폄하하지 않는다.

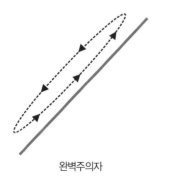

완벽주의자

최적주의자

완벽주의자가 스스로 창조하는 현실은 부질없는 투쟁을 하는 시시포스의 전쟁이다. 반면, 최적주의자의 삶은 의미 있는 모험을 하는 오디세우스의 서사시다.

알베르 카뮈는 시시포스 신화에 대한 에세이에서 시시포스와 자신의 삶을 부질없고 헛된 노동으로 인식하는 모든 사람을 궁지에서 구해내려고 했다. 카뮈는 시시포스를 많은 고통을 받고 열정적이며 부조리한 영웅으로 묘사한다. 그리고 낙관적이면서 다소 낭만적인 표현으로 끝을 맺는다.

> 나는 산기슭에 시시포스를 두고 떠난다! 사람은 누구나 지고 가야 할 짐이 있다. 하지만 시시포스는 신들을 부정하고 바위를 밀어 올리는, 더욱 높은 충절을 우리에게 가르쳐준다. 또한 그는 모든 것이 훌륭하다고 결론을 내린다. 주인이 없는 이 세상은 그에게 시시하거나 허무해 보이지 않는다. 그에게는 바위를 구성하고 있는 입자, 어둠으로 가득한 산의 광물질 하나하나가 그 자체로 하나의 세상이 된다. 정상을 향해 힘들게 올라가는 것만으로도 한 사람의 마음을 채우기에 충분하다. 우리는 행복한 시시포스를 상상해야 한다. [1]

하지만 과연 시시포스를 행복한 사람이라고 할 수 있을까? 카뮈가 에세이를 쓰고 있었던 문학적이고 시적인 시간 외에, 어느 누가 진정으로 시시포스의 궁지를 낭만적이고 매력적이라고 생각할지 의심스럽다. 시시포스는 행복한 사람이 아니다. 내 생각에는 카뮈가 묘사하는 인물은 시시포스보다는 또 다른 그리스 영웅, 오디세우스에 가까운 것 같다.

시시포스는 고통스러운 여행을 계속하고, 오디세우스 역시 시련을 겪었다. 그러나 오디세우스의 시련 속에는 기쁨과 즐거움, 배움과 성장의 순간이 있었다. 시시포스는 정상에 오를 때마다 허무함만 맛본다. 그러나 오디세우스는 여행을 끝내고 사랑하는 아내를 만난다.

48세에 자살한 옥스퍼드대학의 유능한 학자였던 알래스데어 클레이어는 지독한 완벽주의자였다. 사람들 대부분이 클레이어가 대단한 성공을 거두었다고 생각했지만 그는 자신을 실패자로 여겼다. 클레이어와 같은 완벽주의자는 성공을 해도 스스로 인정하지 않는다.

완벽주의자는 처음부터 지나치게 가파른 비탈길을 올라가는 것처럼 도달할 수 없는 높은 기준을 세워 성공을 불가능하게 만든다. 또는 목표를 달성해도 다시 바위를 밑으로 굴려버려 모든 것을 아무것도 아닌 것으로 만들어버린다. 반면 최적주의자는 가파르지만 노력하면 올라갈 수 있는, 현실에 근거한 목표를 세운다.

목적지에 도착하면 축하하고 기뻐하는 등 성공을 받아들임으로써 결국 성공한 삶을 살게 된다. 시시포스의 전쟁 같은 삶과 오디세우스의 삶을 구분하는 것은 현실에 근거한 기준이 무엇이고 성공을 어떻게 받아들이느냐에 달려 있다.

너무 쉽지도,
너무 어렵지도 않은 목표를 세우라

나는 어릴 때 텔레비전에서 올림픽 모토인 '더 빨리, 더 높이, 더 힘차게'라는 제목으로 전 세계 스포츠를 중계하는 프로그램을 보기 위해 매주 화요일 저녁이면 1시간 내내 화면 앞에 앉아 있곤 했다. FA 컵 결승에서 리버풀 FC가 맨체스터 유나이티드에 아쉽게 지는 순간 탄식했고, 보스턴 셀틱스가 3차 연장전에서 피닉스 선스를 이겼을 때 환호했으며, 십종경기에서 데일리 톰프슨이 보여준 초인적인 힘과 평균대 위 나디아 코마네치의 10점 만점의 완벽한 연기를 보며 감탄해 마지않았다. 흑백 화면으로 영웅들을 보며 나도 더 빨리 뛰고 더 높이 점프하고 더 강해지고 싶었다.

더 잘하고 싶은 욕망은 인간의 본성이며 개인이나 사회의 발전을 위해 도움이 된다. 하지만 욕심이 지나치면 득보다 실이 많은 법이다. 나다니엘 브랜든은 "많은 사람이 현재의 자기 자신에 대해 만족하지 못하고 모든 것이 충분하지 않다고 생각하는 증후군에 걸려 있다"고 말한다. 다이앤 애커먼은 그러한 증후군에 대해 이렇게 설명한다. "우리가 집 앞의 잔디, 외벽 장식, 우리 자신 할 것 없이 모든 것을 더 잘하고 더 잘 보이려고 애쓰는 이유는 무엇일까? 아무리 뛰어난 재능과 출중한 외모, 좋은 운을 지닌 사람도 스스로 부족하게 느끼고 더욱 비범하거나 세련되거나 활기차거나 침착해지기를 원한다."[2] 그러한 불만족이 우리를 불행하게 만든다. 지금 10점 만점을 받았다 하더라도 곧 다른 경쟁에 임해야 하기 때문이다.

스쿼시 선수로 뛸 때나 대학에 다닐 때, 나는 스스로 만든 완벽의 기준에 맞추어 살려고 했다. 그리고 객관적으로는 학교 성적과 스쿼시 경기, 그리고 사회적으로 모든 면에서 훌륭해 보인다 해도 사실은 끊임없이 스트레스를 받고 불만과 좌절을 느꼈다. 어떤 성공을 이루든 내가 추구하는 만족을 얻지 못했다. 왜냐하면 성공의 기쁨은 금세 지나가고 곧 다음에 도달해야 하는 목표를 정하곤 했기 때문이다. 그 무엇도 충분하지 않았다.

그렇다면 욕망에는 반드시 고통이 따르는 것일까? 지금 그대로 충분하다고 느끼기 위해서는 좀 더 발전하려는 노력을 그만두어야 할까? 미국 심리학의 아버지 윌리엄 제임스가 말한 바로는 자긍심의 수준은 성공과 목표, 현재 우리가 하고 있는 것과 목표 사이의 비율에 의해 결정된다.[3]

$$자긍심 = \frac{성공}{목표}$$

이를테면, 올림픽에서 금메달을 따고 싶었는데 은메달을 땄다면 자긍심은 추락할 것이다. 하지만 만일 올림픽에 참가하는 것이 꿈이었는데 뜻밖에 동메달을 받는다면 자긍심은 올라갈 것이다. 따라서 만일 우리가 더 잘하고자 하는 욕망을 포기한다면, 다시 말해 이룰 만한 적당한 목표를 세운다면 자긍심을 좀 더 느낄 수 있다. 반대로 지나치게 큰 꿈을 갖고 끊임없이 자신에 대한 기대를 높인다면 언젠가는 자긍심이 무너지면서 불행해진다. 제임스 자신은 성공에 대한 기준을 낮추지 않아서 자신이 불행할 수밖에 없다고 말했다. 그러나 그의 이론은 우리에게 더 잘하려는 욕망을 어느 정도 포기하라고 제안한다. 하지만 제임스의 방정식은 일부만 맞을 뿐이다. 목표를 낮추면 좀 더 행복해지는 때도 있겠지만 항상 그런 것은 아니다. 사실 목표를 낮추는 것은 비현실적으로 높은 목표를 정하는 것과 마찬가지로 불행의 원인이 될 수 있다. 만일 목표를 비현실적으로 높게 정하고 우리의 한계를 인정하지 않는다면 불행해진다. 반대로, 목표를 비현실적으로 낮게 정하고 우리가 갖고 있는 잠재력을 인정하지 않는다면 성공할 수 없을 뿐 아니라 행복감도 낮아진다. 에이브러햄 매슬로는 말한다. "만일 할 수 있는 일을 일부러 하지 않는다면 평생 불행하게 살아야 할 것이다." 그렇다면 우리의 목표를 어느 부분에서 어느 정도 낮추어야 할까? 또는 언제 얼마나 목표를 높여야 할까? 그 답은 '현실에 근거하라'이다.

심리학자 미하이 칙센트미하이는 몰입에 대해 연구한 결과, 행복과 성공을 위해서는 너무 쉽지도, 너무 어렵지도 않은 활동을 해야 한다고 제안한다. 너무 쉬우면 지루해서 흥미가 없어지고 지나치게 어려우면 불안해지기 때문이다.[4] 목표설정 분야의 선구자인 에드윈 로크와 게리 레이섬은 35년간 연구하여 경험적으로 얻어낸 것을 요약해서 이렇게 설명한다. "최고의 목표는 최고 수준의 노력과 성과를 이끌어냈다. (중략) 하지만 능력의 한계에 도달하거나 의욕이 사라지면 성과는 평준화되거나 감소했다."[5] 말하자면, 좀 더 높이 올라가기 위해 애쓰고 노력하면 좋은 결과가 나타나지만 어느 지점을 넘어가면 오히려 역효과가 일어난다는 것이다. 결국 우리의 능력에는 한계가 있다는 사실을 인정해야 한다.

『좋은 기업을 넘어 위대한 기업으로』에서 짐 콜린스는 베트남 전쟁 중 베트남군의 포로가 된 최고위급 미국군 제임스 스톡데일 제독의 이야기를 들려준다.[6] 강인하고 회복탄력성이 강한 성품이었던 스톡데일 제독은 베트남 감옥에서 살아남는 데 필요한 두 가지 조건을 기술했다. 첫째, 그들이 처한 곤경을 무시하거나 부정하지 않고 직시하고 받아들여야 한다. 둘째, '언젠가' 자유의 몸이 될 것이라는 믿음을 버리지 말아야 한다. 다시 말해, 참혹한 현실을 직시하고 받아들이는 한편 결국 모든 일이 잘 해결될 거라는 희망을 잃지 말아야 한다. 그와는 달리 결코 살아서 나갈 수 없을 것이라고 비관적으로 생각하거나, '곧' 자유로워질 거라는 허황된 믿음을 가진 사람들은 생존 가능성이 낮았다.

건강한 목표를 설정하려면 한 손에는 높은 희망과 위대한 기대감을, 다른 손에는 객관적인 현실을 올려놓고 균형을 맞추어야 한다. 따라서 어렵지만 달성 가능한 목표를 설정해야 한다. 어떤 목표가 현실적이고 고무적인지 확실하게 알 방법은 없다. 하지만 심리학자 리처드 해크먼은 "동기를 극대화할 수 있는 적절한 장소는 성공 가능성이 50 대 50인 지점에 있다"고 제안한다. [7)]

직장과
개인 생활의 균형

오래전 남자는 아침에 출근하고 저녁이면 퇴근해서 집으로 돌아왔고, 여자는 집에서 집안일을 하고 가족을 보살폈다. 하지만 제2차세계대전 이후 판도가 바뀌었다. 전쟁이 일어나자 남자들은 유럽이나 태평양의 전쟁터로 떠났다. 여자들은 남자들이 돌아올 때까지 얼마 동안 공장에서 전쟁을 지원하는 일을 했다. 금단의 열매와도 같았던 남자들의 세계를 맛본 많은 여자들은 계속 밖에 나가 일하길 원했다. 어떤 남자들은 마지못해, 어떤 남자들은 기꺼이 여자들도 바깥일을 할 수 있다는 사실을 인정했다. 그렇게 세상은 변했다. 하지만 어떤 것들은 변하지 않고 그대로 남아 있다.

앨리스 도마는 『완벽해지지 않고 행복해지는 법 Be happy without Being Perfect』에 이렇게 기록했다.

*여성들은 바깥일을 하기 전과 동일하게 가정에서 많은 일을 해야 한
다. 사회적으로 성공해도 집에서는 여전히 저녁상을 차리고 아이들*

을 돌보고 빨래를 하고 청소를 하고 친척들 생일을 챙기고 남편들을
성적으로 만족시켜야 한다. 사회는 여성들에게 모든 것을 다 가질 수
있다고 말하지만, 모든 것을 가지려면 모든 것을 다 잘해야 한다. [8]

오늘날, 여자는 여전히 가정에서 남자보다 훨씬 더 많은 일을 하고
있다. 하지만 더 이상 여자만 사회와 가정에서 일해야 하고 잘해야 하
는 것은 아니다. 이제 많은 남자가 가사와 육아에 참여해야 하는 시대
가 되었다.

남녀 모두 더 많은 권리와 더 많은 책임을 갖는 새로운 질서가 형
성되었다. 하지만 여성 혁명이 상당히 진전했음에도 불구하고 세상의
변화를 늦추고 하루를 24시간 이상으로 확장할 수는 없었다. 할 일은
많아졌지만 사용할 수 있는 시간이 늘어나거나 그에 대한 기대감이
줄어든 것은 아니었다. 남녀 모두 1950년대와 1960년대보다 더 오랜
시간 일을 해야 했다. 그러면서 대부분의 여자와 일부 남자들이 주변
상황으로부터 받는 메시지는 그 모든 것을 해야만 한다는 것이었다.
도마가 지적하듯 1990년대 이후로 언론은 완전한 행복에 도달하는 것
을 달성할 수 있는 목표로 묘사했다.

해야 할 일이 많아진 새로운 세상에서 우리는 행복을 찾을 수 있
을까? 그에 대한 답은 '직장생활과 개인 생활의 균형'을 이루는 데 있
는 것 같다. 그렇다면 직장과 개인 생활의 균형은 어떻게 이룰 수 있을
까? 21세기 현실 세계에서 해야 하는 일과 하고 싶은 일의 균형을 맞

추는 최적의 방법은 무엇일까?

제3의 길을
선택하라

20대 시절, 내 안의 열정적인 완벽주의자는 모든 것을 해낼 수 있다고 믿었다. 그래서 오랜 시간 일하고 잠깐씩 사람들을 만나는 불균형한 생활에 대체로 만족했다. 그러다가 결혼해서 아이들이 생기자 자연스럽게 우선순위가 바뀌었고, 시간이 너무 부족하다고 느꼈다. 가정에서나 직장에서나 시간에 쫓겼다. 이것저것 더 많이 경험하고 성취하고 싶었지만, 아무리 열심히 일하고 아무리 많은 시간을 가족과 함께 보내도 충분하지 않은 것 같았다. 아이들에게 원하는 만큼 관심을 주지 못했고, 아내와 자주 외출하지 못했으며 일을 충분히 많이 하지도 못했다. 요가나 운동은 고사하고 가까운 친구들과 함께 보낼 여유도 없었다.

나는 전체적인 상황을 고려해서 내 삶에서 다섯 가지가 가장 중요하다는 결론을 내렸다. 자녀, 배우자, 일, 친구, 건강. 이 다섯 가지는 나의 관심사를 모두 아우르지는 못하지만 가장 중요하고 가장 많은 시간을 투자하고 싶은 부분이었다.

그다음에는 이 다섯 가지에서 각각 롤모델을 찾았다. 그 롤모델은 다섯 가지를 모두 잘하지는 못해도 어떤 부분에서 특별히 잘하고 있는 사람들이었다. 내가 컨설팅을 했던 어느 조직의 경영자는 일은 잘했지만 가정생활은 엉망이었다. 내 친구는 훌륭한 아버지이고 직장에서도 대단히 유능했지만 배우자와 시간을 거의 보내지 않았고 자신의 건강을 돌보지 않았다. 한 부부는 사업에 성공하고 금슬도 좋았지만 자녀가 없었고 원하지도 않았다. 동창생인 한 친구는 일주일에 여섯 번, 90분씩 운동을 해서 건강을 유지했지만 첫 아이를 출산하고 나서 직장에 돌아가지 않기로 했다.

그들은 스스로 선택한 삶을 살고 있었다. 어떤 사람은 자신의 선택에 만족했다. 하지만 나는 아버지라는 역할, 배우자와의 관계, 일, 친구, 건강 중에 어느 것 하나도 버릴 수 없었다. 그러면 어떻게 해야 하는가? 현대 사회에서는 기본적으로 삶에서 한두 가지 부분을 포기하지 않으면 안 되는가? 다른 대안이 있을까?

제3의 길이 있다. 바로 최적주의자의 길이다. 그 길을 발견한 지금 나는 전반적으로 훨씬 더 행복한 삶을 살고 있다. 하지만 이 단계에 도달하기까지 시간과 기대감 등 많은 것을 조율해야만 했다.

첫 번째 단계는 그 모든 것을 다 가질 수 없다는 현실을 받아들이는 것이었다. 하루 14시간씩 일을 하면서 건강을 누리며 충실한 아버지와 남편이 된다는 것은 불가능했다. 두 번째 단계는 나에게 중요한 다섯 가지 부분에서 각각 어느 정도 노력하면 충분한지를 결정하는 것이었다. 내가 완벽을 추구하는 대로라면 하루 12시간씩 일을 해야 하지만, 실제로는 내가 원하는 것을 일부 놓칠 수 있다고 해도 9시에서 5시까지 일하는 것으로 충분했다. 내가 추구하는 완벽한 세상에서 나는 일주일에 여섯 번 90분씩 요가와 달리기를 해야 하지만, 현실 세계에서는 일주일에 두 번 1시간씩 요가를 하고 일주일에 세 번 30분씩 달리기를 하는 것으로 충분했다. 마찬가지로 완벽주의자의 이상에는 훨씬 미치지 못하지만, 일주일에 한 번 아내와 외출을 하고 일주일에 한 번 친구들을 만나고 나머지 날에는 집에서 아내와 아이들과 함께 보내는 것으로 만족할 수 있었다. 이것이 여러 가지 수요와 제약을 고려해서 내가 할 수 있는 최선의 삶의 방식이었다.

첫 번째 단계	모든 것을 다 가질 수 없는 현실을 받아들이라.
두 번째 단계	완벽이 아닌 최선을 추구하라.

나는 이 새로운 충분주의good-enough 생활 방식을 채택한 후 한결 마음이 편해졌다. 기대감을 조정하고 나서 이전의 실망감 대신 만족을 느꼈다. 그리고 뜻밖에 활력과 집중력이 향상되었다.

내가 모든 부분에서 완벽해지려고 애쓰다가 좌절한 이유는 한 번에 한 가지 일에만 집중할 수 없었기 때문이기도 했다. 예를 들어, 아이들과 함께 집에 있을 때도 일과 관련된 통화를 하거나 이메일을 보내곤 했다. 사무실에서 일을 충분히 하지 못한 것 같았기 때문이다. 그리고 사무실에서는 많은 시간을 들여 아내와 통화를 했다. 집에서 단

둘이 대화를 나누는 시간이 부족하다고 느꼈기 때문이다. 운동을 할 때는 책을 읽어야겠다는 생각을 했고, 요가를 할 때조차 수시로 아이들에 대한 생각을 했다.

나는 '일부다처주의자'였다. 시간이 부족하다 보니 동시에 여러 가지 일을 처리하는 것으로 어떻게든 만회해보려고 했다. 그러다가 완벽주의 환상에서 깨어나 충분주의 방식으로 변화를 시도하자 나도 모르는 사이에 점차 한 가지에 온전하게 정신을 집중하는 '순차적 일부일처주의자'가 되어갔다. 아이들과 함께 있을 때는 컴퓨터와 전화기를 꺼놓고 오붓하게 시간을 보냈다. 친구들과 함께 있을 때는 다른 일들은 잊고 즐거운 시간을 보냈고 아내와 데이트할 때는 집중해서 대화를 나누고 사랑을 확인했다. 글을 쓸 때는 전화기를 꺼놓고 이메일을 확인하지 않고 완벽히 일에 몰두했고, 운동을 할 때는 몸과 마음이 하나로 움직이는 즐거움을 만끽했다. 이로써 나는 욕구불만으로 가득 차 있던 일부다처주의자에서 행복한 순차적 일부일처주의자가 되었다.

지금도 충분하다

충분주의 공식은 정해져 있는 것이 아니며 사람에 따라 달라진다. 사람마다 각자 상황이 다르므로 우선 자신에게 가장 중요한 부분이 무엇인지 생각해보는 시간이 필요하다. 어떤 사람은 일과 친구를, 또 어떤 사람은 가족과 여행을 중요하게 생각한다. 또한 시간이 지나면서 우선순위가 달라질 수 있다. 따라서 융통성이 필요하다. 예를 들어, 아이들은 커가면서 집에 있는 시간이 줄어든다. 그때 부모는 아이들과 함께 보내는 시간을 재조정할 수 있다. 소중한 사람에게 우리의 도움이 필요할 때는 모든 일을 제쳐놓고 그와 시간을 보낼 수 있다. 충분주의의 기본 원리는 현실적인 제약을 고려해서 시간과 노력을 적절하게 배분하는 것이다.

지금 나의 생활은 완벽과는 거리가 멀다. 나는 때때로 시간에 쫓겨 허둥지둥한다. 가족들이 모두 잠이 든 후에 밤늦게 이메일 답신을 보내기도 한다. 어떤 때는 며칠씩 운동을 하지 못한다. 모든 것이 완벽하지 않지만 그래도 충분히 훌륭하다.

하지만 충분주의는 실제로 좋은 생활방식일까? 나는 충분주의에 대한 생각을 리더십 세미나에 참가하는 학생들에게 처음 이야기했다. 우리가 토론을 해왔던 일과 사생활의 균형을 맞추는 문제에 도움이 될 수 있다고 생각했다. 하지만 일부 학생들, 특히 남자들은 내가 기대했던 반응을 보이지 않았다. 그들은 충분주의를 비굴한 타협이라고 생각했다.

그들의 반응은 연령과 삶의 단계와 일정 부분 관계가 있는 것 같다. 20세의 나이에는 대부분 가정과 직업의 균형에 대해서는 물론이고 가정을 꾸리고 직장을 다니는 경험을 해본 적이 없다. 하지만 연령이나 경험과 상관없이, 많은 사람이 충분주의 생활방식을 '대충 사는 것'

과 동일시한다. 나의 학생들은 모두 일단 뜻을 둔 일은 결코 대충하는 것으로 만족하지 않는 성취지향적인 사람들이었다.

하지만 충분주의 생활방식을 취하면 사실 주어진 조건에서 온 힘을 다해 노력하게 된다. 모든 부분에서 완벽에 도달하고자 하는 완벽주의자의 편협한 생활철학은 결국 실망과 좌절로 이어질 수밖에 없다. 시간은 유한한데 모든 것을 완벽하게 하는 것은 불가능하기 때문이다. 『충분한 그대로 Just Enough』라는 책에서 로라 내시와 하워드 스티븐슨은 말한다. "상충관계에 있는 두 가지를 모두 잘하는 것은 불가능하다."[9] 시간은 제한된 자원이고, 제한된 시간에 무엇을 할 것인지 결정할 때는 어쩔 수 없이 절충해야 한다. 하지만 모든 것을 최대화할 수 없지만 최적화할 수는 있다. 완벽주의자가 현실의 상충관계를 무시하고 모든 부분에 투자하는 시간을 '최대화'하려고 헛되이 애쓴다면, 최적주의자는 여러 구성 요소를 '최적화'할 수 있는 충분주의 해결 방식을 찾는다. 충분주의 생활방식은 비현실적인 기대를 버리고 대신 가능한 범위 내에서 최선의 삶을 선택하는 것이다.

내가 충분주의 방식을 취한 것은 더 잘할 수 없기 때문이 아니다. 나는 더 잘할 수 있었고 지금도 잘할 수 있다. 하지만 이것도 저것도 다 잘하려다 결국 아무것도 이루지 못할 수도 있으므로 현실적이 되어야 한다는 사실을 알았다. 현실적이 되려면 최적의 균형 잡힌 삶을 받아들여야 한다. 그렇다고 해서 내 가치관이 변하지는 않는다. 여전히 가족은 내 삶에서 가장 중요한 부분이고, 나는 20대 때와 마찬가지로 일에 욕심이 많다. 유일한 차이는 내가 전에 가본 적이 없는 길을 가고 있는 것이다. 이러한 충분주의 방식은 많은 변화를 만들어내고 있다.

성공을 받아들이는 연습을 하라

완벽주의자들은 대부분 성공을 인정하고 기뻐하는 것을 자신에게 용납하지 않는다. 달성하기 어려운 비현실적으로 높은 기대를 정함으로써 애초에 성공을 거부하기도 한다. 또는 성공을 해도 자신이 이룬 성취에 만족하지 못한다. 앞에서 말했듯이 비현실적인 기대에서 오는 좌절을 피하려면 성공에 대한 현실적인 기준을 정하고, 때로 충분주의 접근방식으로 만족해야 한다. 또한 자신의 성공을 받아들이고 감사할 줄 알아야 한다.

부와 명예, 건강과 매력을 모두 지니고 있지만 불행한 완벽주의자들이 있다. 이 사실은 행복이 특별한 지위나 은행 잔고보다는 우리의 마음 상태에 달려 있다는 단순한 진리를 일깨워 준다. 일단 의식주 같은 기본적인 욕구가 채워지면 우리가 느끼는 행복의 수준은 인생에서 무엇을 중요하게 생각하고 외부의 사건들을 어떻게 해석하느냐에 따라 결정된다. 실패를 재앙으로 볼 것인가, 아니면 학습의 기회로 볼 것인가? 물이 반 정도 들어 있는 잔을 보며 물이 반밖에 없다고 볼 것인가, 반이나 있다고 볼 것인가? 우리가 가진 것을 감사하고 즐길 것인가, 아니면 당연하게 여기고 무시할 것인가?

회복력에 관한 연구에서 카렌 라이비치와 앤드루 샤트는 현실의 작은 부분에 초점을 맞추고 다른 부분은 무시하는 '터널시야Tunnel Vision'에 대해 이야기한다.[10] 예를 들어, 내 강의를 듣는 학생 스무 명 중 한 명이 졸고 있다면 내 신경은 오로지 졸고 있는 한 명의 학생에게만 맞추어지고, 다른 학생들은 눈에 들어오지 않게 된다. 반대로, 열아홉 명의 학생이 졸고 있고 한 명만 내가 하는 말에 귀를 기울이고 있을 때 그 한 명의 학생을 보고 내 강의가 성공적이라는 결론을 내리는 것 또한 터널 시야다. 긍정적이든 부정적이든 터널 시야는 현실과 동떨어져 있다. 완벽주의자는 보통 부정적인 터널 시야를 갖고 있다. 그들은 자신의 삶에서 좋은 것은 무시하고 나쁜 것에 초점을 맞춘다.

앨리스 도마는 외적으로는 모든 것을 갖고 있는 것처럼 보이지만 완벽주의 때문에 삶을 즐기지 못하는 사람들에 대해 이야기한다. 완벽주의자의 부정적인 터널 시야는 자신이 성취한 것을 당연하게 생각해서 무시해버리고 또다시 가파른 비탈 위로 무거운 바위를 밀어 올리는 노역을 시작한다. 반면 최적주의자는 자기 자신과 자신이 이룬 성취, 그리고 학습과 성장의 기회로 여기는 실패까지 모든 것의 가치를 인정한다. 그 결과 자신이 갖고 있는 것을 즐기고 또한 더 많은 성공과 긍정적인 경험을 하게 된다.

감사 습관 들이기

영어의 'appreciate'라는 단어는 두 가지 의미가 있다. 첫 번째는 '감사하다'라는 뜻으로 '뭔가를 당연한 것으로 여기는 것'의 반대말이다. 두 번째는 '가치를 높이는 것'을 의미한다. 이 두 가지 의미를 합하면 감사에 대한 연구에서 거듭 증명되는 사실과 일치한다. 우리의 삶에서 좋은 것에 대해 감사할 때 그것은 점점 증가하고 더 많이 갖게 된다는 것이다. 반대로, 우리가 가진 좋은 것에 대해 감사하지 않고 그것을 당연하게 여기면 좋은 것이 점점 줄어든다.[11]

심리학자 로버트 에먼스와 마이클 맥컬로는 실험에 참가한 사람들에게 크고 작은 일에 감사하는 마음을 매일 적어도 다섯 가지씩 쓰게했다.[12] 참가자들은 부모, 롤링 스톤즈, 신, 아침에 눈을 뜨는 것까지 다양한 대상에 대해 감사하는 글을 썼다. 그렇게 매일 잠시 동안 자신의 삶에 감사하는 시간을 가진 효과는 멀리까지 영향을 미쳤다. 감사하는 글을 쓴 사람들은 쓰지 않는 사람보다 행복감과 긍정적인 감정이 높아졌다. 전보다 자신감이 생겼으며 활기에 넘치고 낙관적인 사고를 했다. 또한 관대해지고 다른 사람들을 도와주고 싶어 했다. 잠을 더잘 잤고 운동을 더 열심히 했으며 더 건강해졌다.

나는 1999년 9월 19일 오프라 윈프리가 시청자들에게 권하는 이야기를 듣고 나서(에먼스와 맥컬로가 연구 결과를 발표하기 3년 전) 매일 저녁 감사의 글을 쓰고 있다. 그리고 아들 데이비드가 세 살이 되었을 때부터는 아이와 함께 쓰기 시작했다. 매일 저녁 나는 데이비드에게 묻는다. "오늘은 무슨 좋은 일이 있었니?" 그러면 데이비드도 나에게 같은 질문을 한다. 아내와도 수시로 우리가 감사하는 것에 대해 이야기한다. 이 단순한 의식은 모든 좋은 것들을 당연하게 생각하는 완벽주의자였던 내가 감사할 줄 아는 최적주의자로 변화하는데 도움이 되었다. 감사하는 습관을 들이면 특별한 일이 없어도 행복해질 수 있다. 매일 좋은 일들이 일어나고 있다는 것을 의식하게 된다.

어떤 일들은 반복해서 감사 목록에 오를 수 있다. 나는 매일 하느님과 가족에게 감사하고 그 밖에 적어도 다섯 가지(보통 그 이상) 크고 작은 일들에 감사한다. 한 가지 주의할 점은 그 일이 형식적으로 하는 일과가 되지 않도록 노력하는 것이다. 감사하는 글은 우리가 누리고 있는 좋은 것들을 당연하게 여기지 않기 위해 하는 것이지만 한동안 하다 보면 이 의식 자체가 당연한 일처럼 될 수 있다.

형식적인 일과가 되지 않도록 하는 몇 가지 방법이 있다. 예를 들어, 긍정심리학 학자인 소냐 류보머스키는 감사 일기를 매일 쓰지 말고 일주일에 한 번만 쓰라고 제안한다.[13] 하지만 일주일에 한 번만 쓰면 감사하는 습관이 몸에 배기 어렵다는 단점이 있다. 만일 감사하는 대상을 바꿔보려고 의식적으로 노력하면 처음 일기를 썼을 때의 마음을 유지하는 일석이조의 효과를 볼 수 있다. 예를 들어, 하루는 우리 아이가 미소를 지은 것에 감사하고, 다음 날은 우리 아이가 새로 말을 배운 것에 감사할 수 있다. 또한 배우자와 함께 글을 쓰거나 그림을 그

려보는 것처럼 감사를 표시하는 방식을 바꿀 수 있다.

감사하는 대상을 시각화하는 것도 좋은 방법이다. 인지심리학을 연구하는 스티븐 코슬린은 이렇게 말했다. "아이는 어른보다 이미지로 상상하는 능력이 뛰어나다. (중략) 그래서 서술적인 표현보다 이미지를 사용하는 경향이 있다."[14] 코슬린은 이러한 이미지를 사용하는 것이 '아이와 같은 신선함'을 불러온다고 생각한다. 예를 들어, '가족'이라는 단어를 쓰고 나서 아내, 아이들, 부모, 형제를 머릿속에 그려보면 그들의 존재에 감사하는 마음을 환기하는 데 도움이 된다. 상상력을 사용해서 맛있는 음식을 먹을 때의 느낌을 다시 경험할 수도 있다. 음식, 아이, 음악, 비, 무엇이든 감사하는 것을 떠올리며 음미해보자.

일반적으로 감사를 표현할 때 중요한 것은 마음챙김이다. 나의 박사 논문 지도교수이자 멘토인 엘렌 랭거는 "마음챙김은 기존의 범주에서 벗어나 상황과 환경에서 새로운 특징을 파악하는 것"이라고 말했다.[15] 본질적으로 무심한 마음은 완벽주의자의 경직된 사고방식에 갇혀 있지만, 마음챙김은 최적주의자의 유연한 행동과 사고방식을 취하는 것이다. 예를 들어, 우리가 깨어 있을 때는 익숙한 물건에서 독창적인 사용법을 생각해내고, 익숙한 얼굴에서 새로운 표정을 발견한다. 마찬가지로, 감사하는 대상에 대해 글을 쓸 때 새로운 관점에서 세부적인 특징과 새로운 변형을 찾아보는 것은 경험을 유지하는 좋은 방법이다.

랭거가 제안하는 방식으로 깨어 있음을 훈련하면 행복, 창의력, 자기 수용, 성공, 건강이 증진된다는 것이 많은 연구를 통해 입증되었다. 우리가 마음챙김으로 우리 삶에서 좋은 것들에 감사한다면 두 가지 점에서 도움이 된다. 첫째, 좀 더 감사하는 마음을 갖게 되고 우리 삶에서 좋은 것의 가치가 올라간다. 둘째, 마음챙김 자체를 연습하는 것은 그 자체로 유익하다.

주는 사람과 받는 사람 모두 행복해지는 감사 편지

감사 표시는 받는 사람뿐 아니라 하는 사람도 행복하게 만든다. 마틴 셀리그만은 긍정심리학 강의에서 학생들에게 감사 방문을 숙제로 내주었다. 도움을 받은 사람에게 감사하다는 내용을 담은 편지를 써서 그 사람을 찾아가 읽어주는 것이었다. 그 숙제는 셀리그만과 그의 학생들의 보고, 그리고 그 이후의 연구에서 확인된 것처럼 감사하는 사람이나 감사를 받는 사람 모두에게 긍정적인 영향을 주었다.[16]

나도 내 수업을 듣는 학생들에게 비슷한 내용을 과제로 내주었는데 그들의 보고를 들으며 여러 번 감동의 눈물을 흘렸다. 감사 편지를 받고 한 아버지는 10년 만에 처음 아이를 포옹했고, 어떤 이는 몇 년 전 등을 돌렸던 친구들과의 우정을 회복했으며, 한 늙은 코치는 몇 년이나 더 젊어 보였다고 했다. 감사의 힘은 위대하다.

감사 편지는 감사하다는 말로 끝나서는 큰 의미가 없다. 상대방이 내게 어떤 의미가 있고 그동안 어떤 도움을 주었는지 생각해보는 시간을 가져야 한다. 감사를 표현하는 방법은 여러 가지가 있겠지만 그중에서 감사 편지를 쓴 후 직접 만나는 것은 다른 것보다 좀 더 특별하다. 첫째, 편지를 쓰는 사람은 혹 그 편지를 전달하지 못하더라도 쓰는 것만으로도 좀 더 행복해진다. 둘째, 정성껏 쓴 감사 편지는 받는 사람으로 하여금 자신이 특별하다는 느낌이 들게 한다. 셋째, 감사 편지를 들고 방문하면 개인적으로 만나고 계속적으로 좋은 관계를 맺게 된다. 마지막으로, 편지는 읽고 싶을 때 언제든지 다시 읽을 수 있으므로 지속적인 효과가 있다.

감사 편지를 받는 사람은 자신이 교사, 친구, 부모, 코치, 또는 사장으로서 성공했다는 생각이 들게 된다. 감사 편지를 받을 때 느끼는 감정은 종종 위대한 업적을 달성했을 때 느끼는 감정 못지않게 긍정적이고 강력하다. 그 결과, 편지를 받은 사람은 성공에 대한 이해를 넓히면서 지금까지 해온 일들을 소중하게 여기게 된다. 예를 들어, 매일 반복적으로 하는 일을 무료하고 지루하게만 느끼던 교사는 어느 날 학생의 감사 편지를 받고 자신이 뭔가 변화를 만들었으며 교사로서 성공했다는 생각에 용기를 얻을 수 있다.

하지만 감사 편지를 쓰면서 얻는 효과는 오래가지 않는다. 아주 순간적이다. 감사 편지와 감사 방문이 지속적인 효과를 유지하려면 정기적으로 계속해야 한다. 일주일에 한 번, 2주일 또는 한 달에 한 번이라도 감사 편지를 쓴다면 큰 도움이 될 것이다.

우리가 가진 것에 대해 감사하고, 우리가 성취한 것을 소중히 여기면 더 많은 성공을 불러올 수 있다. 만일 더 많은 사람이 부모, 동료, 배우자, 교사, 친구 등 다른 사람에게 감사를 표현한다면 좀 더 훌륭한 세상이 될 것이다. 키케로가 말했듯이 "감사하는 마음은 가장 중요한 미덕일 뿐 아니라 다른 모든 것의 근본"이다.

HAPPY TRAINING

최적주의자처럼 생활하기

당신의 삶에서 가장 중요한 부분들을 열거해보자. 아마 직업, 가족, 연애, 친구, 건강, 여행, 취미, 기술 등의 범주로 나눌 수 있을 것이다. 먼저 각 범주 아래 하고 싶은 일과 그 일에 얼마나 많은 시간을 보내고 싶은지 적어보자. 그 다음에 각 범주에서 포기할 수 있는 부분과 반드시 필요하다고 생각하는 부분을 구분한다. 반드시 필요한 부분을 충분히 훌륭한 삶이라고 쓴 제목 아래에 적는다. 예를 들어, 일과 관련해서 일주일에 80시간 일하고 싶다. 하지만 여러 가지 사정을 고려하면 일주일에 50시간으로 충분할 수 있다. 퇴근 뒤에 매일 저녁 친구들을 만나고 싶다. 하지만 일주일에 두 번으로 충분할 수 있다. 당신이 꿈꾸는 완벽한 세상에서는 한 달에 골프 15라운드를 치고 싶겠지만, 현실에서는 3라운드로 충분할 수 있다.

최적주의자처럼 생활하도록 노력한 뒤에 이따금 목록을 다시 읽어 보자. 너무 많은 것을 하려고 애쓰는 것은 아닌가? 너무 부족하지 않은가? 어떤 변화가 있었는가? 어느 범주에서 보내는 시간을 줄인 것이 마음에 걸리는가? 그 시간을 좀 더 늘리고 대신 다른 범주에서 시간을 줄일 수 있는가?

나의 예

범주	이상적인 삶(완벽주의)	충분히 훌륭한 삶(최적주의)
일	일주일에 80시간	일주일에 50시간
친구	매일 만난다.	일주일에 두 번 만난다.
골프	매일 1라운드	한 달에 3라운드

당신의 예

범주	이상적인 삶(완벽주의)	충분히 훌륭한 삶(최적주의)

최적의 균형을 찾을 수 있는 간단한 공식은 없다. 게다가 시간이 지나면 생각과 상황이 바뀐다. 욕구와 바람뿐 아니라 외부적인 제약도 함께 고려해야 한다.

감사 편지로 마음 전하기
누군가에게 감사하다는 내용으로 편지를 쓰자. 그가 당신에게 어떤 도움이 되었는지 구체적으로 기술한다. 편지를 쓰는 것만으로도 가치가 있지만 실제로 그 편지를 보내거나 직접 전해준다면 더욱 효과적이다.

감사를 표현하고 싶은 사람의 이름을 다섯 개 이상 쓰고 그들에게 언제 감사 편지를 써서 전달할 것인지 날짜를 정한다.

고마운 사람	편지를 쓸 날	편지를 전할 날

백조를 동경하는
미운 오리가 되지 말라

둘에 둘을 더하면 넷이 된다. 자연은 우리의 조언을 원하지 않는다.
자연은 우리가 자연의 법칙을 인정하는지 않는지, 우리의 취향이 어떤지에 관심이 없다.
우리는 자연을 그에 수반하는 모든 결과와 함께 있는 그대로 받아들여야 한다.
— 표도르 도스토옙스키 —

이 장에서는 완벽주의 철학과 현실의 본성을 연구하는 철학의 분
파인 형이상학에 대해 좀 더 구체적으로 알아보겠다. 형이상학이 완벽
주의 연구에서 중요한 이유는 완벽주의자의 특성들이 대체로 현실 부
정 −실패나 고통스러운 감정 또는 성공까지−에 근거하기 때문이다.

완벽주의의 지적인 뿌리는 서양철학의 아버지인 플라톤으로 거슬
러 올라간다. 플라톤의 제자였던 아리스토텔레스는 스승의 사상에서
이탈하여 현실주의를 설파함으로써 사실상 최적주의의 아버지가 되었
다. 라파엘은 「아테네 학당」이라는 그림에서 플라톤 철학과 아리스토
텔레스 철학의 차이를 표현하고 있다. 그 그림에서 플라톤은 하늘을,
아리스토텔레스는 땅을 가리키고 있다. 그들의 철학을 비교하여 설명
하는 저술은 이미 많이 나와 있다. 하지만 나는 그들의 철학을 심리학,
특히 완벽주의에 대한 접근에 초점을 맞추어 설명하고자 한다. 완벽주

의자 플라톤이 가리키고 있는 것은 신들이 거주하는 장소, 초자연, 완벽한 세상이다. 최적주의자 아리스토텔레스가 가리키고 있는 것은 이 세상, 자연, 현실을 의미한다.

플라톤이 말한 바로는 현실을 구성하는 기본적인 요소들은 형상−완벽한 원형, 이상적 모형−이며, 형상으로부터 개별적인 물체들이 발생한다. 플라톤은 우리가 현실 세계에서 살고 있다고 생각할지 모르지만 사실은 그렇지 않다고 주장한다. 우리는 동굴 입구에 등을 돌리고 앉아 있으며 돌아서서 밖으로 나가지 못한다. 완벽한 형상을 갖춘 현실 세계는 동굴 밖에 존재한다. 우리는 그 현실 세계에서 타오르는 불이 동굴의 벽에 투사하는 그림자를 보고 있을 뿐이다. 현대적으로 비유하면, 우리는 극장에 갇혀 커다란 화면 위에 보이는 드라마에 빠져 우리가 어떤 곤경에 처해있는지 모른 채 살고 있다는 것이다. 환상 세계 속에서 우리가 보고 있는 모든 것은 현실 세계에 존재하는 완벽한 형상이 투사된 것이다. 우리가 하거나 듣는 말은 단지 완벽한 말의 불완전한 투사일 뿐이다. 주변에서 우리가 보는 사람들은 진짜가 아니라 완벽한 인간의 불완전한 모사에 불과하다. 현실을 아는 것은 오직 우리의 경험, 감정이나 감각이 세상에 대해 말해주는 것으로부터 영향을 받지 않는 철학적 사유를 통해서만 가능하다. 플라톤과 달리 아리스토텔레스의 현실관은 우리가 경험하는 세상과 다르지 않다. 플라톤에게는 두 개의 세상(완벽한 형상의 세계와 우리가 인식하는 불완전한 세계)이 존재하지만, 아리스토텔레스에게는 오직 하나의 세상, 하나의 현실,

우리의 지각을 통해 인식하는 세상만이 존재한다. 우리는 지각을 통해 경험을 제공받고, 경험을 통해 정신적 이미지나 언어로 형상을 생산한다. 우리가 말에 대해 갖고 있는 정신적 이미지는 말에 대한 직접적이거나 간접적인 경험에서 유래한다. 우리는 인간에 대한 직간접적인 경험을 통해 인간이라는 단어가 의미하는 것이 무엇인지 알고 있다.

플라톤에게 형상은 일차적이다. 우리 주변의 사물은 형상에서 유래한 것이기 때문이다. 또한 우리는 경험으로부터 독립된 순수 이성을 통해서만 형상을 알 수 있다. 이 때문에, 사유가 경험보다 우위에 있다. 반면, 아리스토텔레스에게는 우리의 주변 세상이 먼저고 형상은 부차적이다. 우리는 단지 경험을 통해서만 형상을 알 수 있기 때문에 경험이 사유보다 우위에 있다.

두 가지 상반된 철학은 심리학적으로 중요한 의미를 지니고 있다. 플라톤에게 우리의 경험은 단지 그가 현실이라고 생각한 것의 투사일 뿐이며 진리(형상의 세계)에 대한 이해를 방해하는 것이다. 따라서 경험과 생각이 서로 모순된다면 경험을 거부해야 한다. 예를 들어 우리는 경험—다른 사람들의 경험을 포함해서—을 통해 실패가 성공에 필요하다는 것을 알게 된다. 그렇더라도 이 경험을 거부하고 성공으로 가는 순탄하고 똑바른 길을 가야 한다는 생각을 따라야 한다. 이것이 완벽주의자의 사고방식이다.

반면, 아리스토텔레스에게는 세상에 대한 경험이 진리를 알 수 있는 기본적인 조건이다. 따라서 만일 경험과 생각이 서로 모순된다면 경험이 아닌 생각을 거부해야 한다. 예를 들어, 만일 성공하기 위해 시행착오를 거쳐야 한다는 것을 경험을 통해 알게 되면 성공으로 가는 길에 실패가 없어야 한다는 생각—우리 자신의 생각이건, 다른 사람들의 생각이건—을 거부해야 한다. 이것이 최적주의자의 사고방식이다.

"나는 슬픔을 거부한다", "나는 실패를 인정하지 않겠다"라고 말하는 것은 플라톤적인 생각이다. 이상적이라고 믿는 형상의 우위를 인정함으로써 현실을 거부하는 것이다. "나는 슬픔을 좋아하지 않지만 이 감정을 자연스럽게 받아들인다" 또는 "나는 실패를 원하지 않지만 어떤 실패는 불가피하다는 사실을 받아들인다"라고 말하는 것은 아리스토텔레스처럼 우리가 경험하고 관찰하는 현실의 중요성을 인정하는 것이다.

다이앤 애커먼은 플라톤이 완벽주의에 끼친 영향에 대해 말한다. "플라톤이 이 세상 모든 것은 천국에 그 이상적인 형상을 갖고 있다고 말했을 때 사람들은 그가 한 말을 문자 그대로 받아들였다. 하지만 나는 플라톤이 말한 이상적인 형상의 중요성은 진리가 아니라 완벽을 추구하는 우리의 욕망에 있다고 생각한다." 완벽을 추구한다면 우리 자신에 대해 영원히 만족하지 못한다. "아무리 잘생긴 사람도 백조를 동경하는 미운 오리 새끼처럼 느낀다."[1]

인간의 본성은
변화할 수 있을까?

스탠퍼드대학 후버 연구소의 토머스 소웰의 연구는 플라톤과 아리스토텔레스의 관점을 심리학적으로 이해하는 데 도움을 준다. 소웰은 주로 정치학을 연구했지만 그의 연구는 심리학 전반, 특히 완벽주의와 최적주의의 문제와 관계가 있다.

소웰은 모든 정치적 투쟁은 본질적으로 제한적 관점과 무제한적 관점이라는 두 가지 인간 본성에 대한 관점의 충돌로 요약할 수 있다고 말한다.[2] 제한적 관점으로 기울어지는 사람들은 인간의 본성이 변하지 않는다고 믿는다. 따라서 인간의 본성을 변화시키기 위해 시간과 노력을 낭비할 필요가 없다고 주장한다. 패션, 기술, 경치, 문화 등 모두 변하지만 인간의 본성은 변하지 않는다. 인간의 결함은 불가피하며 우리가 할 수 있는 최선의 선택은 우리의 본성과 그 한계와 불완전함을 받아들이고 갖고 있는 능력을 최대한 활용하는 것이다. 결론적으로 우리의 본성은 바꿀 수 없으므로 올바른 방향으로 본성을 유도하는 사회제도를 창조해야 한다.

반대로 무제한적 관점을 지니고 있는 사람들은 인간의 본성이 변하고 개선될 수 있다고 믿는다. 모든 문제에는 해결책이 존재하므로 불완전함과 타협하거나 굴복해서는 안 된다. 이 관점에 따르면 사회제도의 역할은 인류를 올바른 방향으로 개선하는 것이어야 한다. 따라서 가끔 우리의 본성과 싸우고 정복해야 한다. 소웰은 말한다. "무제한적 관점에서 보면 인간 본성은 그 자체가 변수이며 사실상 변화의 중심에 있있다."

이 두 가지 관점은 모두 선의에서 출발하더라도 기본적으로 인간 본성에 대한 이해가 다르므로 서로 전혀 다른 정치제도를 선택한다. 인간 본성에 대한 제한적 관점을 가진 사람들은 보통 시장 자본주의자들이고, 무제한적 관점을 가진 사람들은 공산주의를 포함해서 다양한 형태의 이상주의를 지지하는 경향이 있다.

자본주의 체제는 개인의 이기심을 공익을 위해 이용하지만 인간의 이기심이나 본성을 변화시키려는 진지한 시도는 하지 않는다. 제한적 관점으로 자유 시장경제를 탄생시킨 스코틀랜드의 철학자 애덤 스미스는 말했다. "우리가 저녁 식탁에 음식을 올릴 수 있는 것은 빵집이나 양조장이나 고깃간 주인들의 자비심 때문이 아니라 그들 자신의 이익 추구에 의한 것이다. 그들의 인간애가 아닌 이기심에 의한 것이며 우리가 필요한 것이 아니라 그들의 이익과 관련된 것이다."

그 반대편에는 인간애에 대한 무제한적 관점에서 영감을 받은 공산주의가 있다. 공산주의는 인간의 본성을 이용하는 것이 아니라 변화시키고자 했다. 그들은 "새로운 소비에트의 시민"은 이기심을 이타심에 양보하고, 기본적인 본능과 싸우며, 천성을 딛고 일어서고, 인간적 본성을 초인적 본성으로 대체할 것이라고 믿었다. 러시아의 볼셰비키 혁명의 지도자였던 레온 트로츠키는 1920년대 초에 인간의 본성을 바꾸는 게 얼마나 중요한지에 대해 다음과 같이 썼다.

> 호모사피엔스에서 진화를 멈춘 현생 인류는 다시 한번 근본적인 변화를 겪을 것이고, 스스로 가장 복잡한 방식으로 인위적 선택과 심신 훈련을 하게 될 것이다. (중략) 인간은 자신의 감정을 지배하고 본능을 의식의 수준으로 끌어올리고 의지의 힘을 깊은 곳까지 확장해서 새로운 차원을 향해 갈 것이다. 또한 좀 더 높은 사회적 생명체, 초인으로 거듭나는 것을 목표로 삼을 것이다.

이것은 고무적인 이야기다. 이를 통해 많은 사람이 좀 더 나은 인간의 존재와 이상적인 사회를 꿈꾸는 공산주의에 매혹을 느끼는 이유를 짐작할 수 있다. 하지만 이러한 사상과 이상은 현실과 거리가 멀었고 전 세계 무수한 사람들을 죽음과 살인, 고통으로 몰고 갔다.

심리학자 스티븐 핑커는 인간의 본성은 개조될 수 있다고 주장했다. 그의 주장에 따르면 인간은 빈 서판으로 태어나 경험과 문화와 환경으로부터 모든 것을 얻는다. 이 이론이 지닌 매력은 완벽해질 수 있다는 믿음에 있다.

하지만 그 믿음은 많은 어두운 면을 갖고 있다. 한 가지는 전체주의적 사회공학을 불러올 수 있다는 것이다. 독재자들은 '만일 사람들이 빈 서판과 같다면 내가 그 서판 위에 무엇을 쓸지 결정할 수 있다'고 생각하기 쉽다. 20세기 최악의 독재자들은 공공연히 빈 서판 이론에 대한 지지를 천명했다. 예를 들어, 마오쩌둥은 "가장 아름다운 시는 빈 종이 위에 쓰인다"고 말했고, 크메르루주는 "오직 신생아만이 결백하다"는 기치를 내걸었다.[3]

애덤 스미스와 자본주의 지지자들은 아리스토텔레스의 사상에 동조했다. 그들은 인간의 본성이 존재하며 정부는 그러한 현실을 기반으로 구축되어야 한다고 믿었다. 반면, 공산주의자들은 플라톤의 사상에 동조했다. 그들은 사회의 이상적인 형상을 동경하고 불완전한 현실에 그러한 형상을 반영하는 것을 목표로 했다. 조각가들처럼 그들은 유토피아적인 이상에 들어맞지 않는 인간의 본성은 깎아버리려고 했다. 플라톤과 무제한적인 인간성을 믿는 사람들은 우리의 본성에 대한 이상적인 관점을 갖고 완벽해지기 위해 애쓰므로 실제의 본성을 부정한다. 반면, 아리스토텔레스와 제한적인 인간성을 믿는 사람들은 인간의 본성을 있는 그대로 받아들이고 최선의, 최적의 사용을 위해 노력한다.

인간의 본성을 바라보는 관점이 정치적, 사회적으로 영향을 미치는 것은 분명하다. 하지만 개인적 차원에서도 마찬가지로 중요한 의미가 있다. 완벽주의자는 알게 모르게 인간의 본성에 대한 무제한적 관점에 동의한다. 고통스러운 감정을 받아들이지 않으려고 하는 것은 우리의 본성을 부정하는 것이며, 인간의 본성이 변화하고 개선되고 완벽해질 수 있다는 믿음에서 비롯된다. 공산주의의 유토피아적 이상이 이기심을 이타심으로 대체하는 것이라면, 완벽주의자의 유토피아적 이상은 고통스러운 감정과 실패 없이 비현실적인 성공 수준에 도달하는 것이다.

최적주의자는 인간의 본성에는 제약이 있다는 사실을 인정하고 받아들인다. 우리에게는 어떤 사람들은 선천적이라고 주장하고 또 다른 사람들은 오랜 세월에 걸쳐 진화했다고 주장하는 본능, 성향, 본성이 있다. 어쨌든 우리의 본성은 변화하지 않는다. 적어도 살아 있는 동안. 본성을 가장 잘 활용하기 위해서는 그것을 있는 그대로 받아들여야 한다. 최적주의자는 현실적인 제약을 고려해서 완벽한 삶이 아니라 최선의 삶을 창조하는 방향으로 노력한다.

무제한적인 관점은 정치적, 사회적 차원뿐 아니라 개인적 차원에서도 불리하다. 최적주의가 마음의 병에 대한 만병통치약은 아니지만 완벽주의보다는 훨씬 더 건강한 삶을 살 수 있게 한다. 무한히 성공할 수 있다거나 고통스러운 감정과 실패 없이 살 수 있다는 생각은 고무적이지만 그런 기대감을 갖고 살면 결국 불행해질 수밖에 없다.

모든 사물은
그 자체가 아닐 수 없다

철학과 심리학에 기여한 아리스토텔레스의 가장 중요한 사상은 모순율이다. 모순율이란 '모든 사물은 그 자체가 아닐 수 없다'는 명제다. 예를 들어, 말은 말이 아닐 수 없다. 사람은 사람이 아닐 수 없다. 아리스토텔레스는 모순율이 자명하며 증명이 필요하지 않다고 주장했다. "어떤 사물이 같은 대상에 속해 있으면서 동시에 속해 있지 않은 것은 불가능하기 때문이다."

아리스토텔레스의 모순율은 모든 사물은 그 자체와 같다는 동일률의 논리적 귀결이다. 동일률에 따르면 사람은 사람이고, 감정은 감정이고, 고양이는 고양이고, 숫자는 숫자다. 동일률은 논리학과 수학뿐 아니라 더 나아가 철학의 기본이다. 아리스토텔레스는 말한다. "모순율과 동일률이 없다면 뭔가를 증명하는 것은 절대 불가능하다. 동어 반복을 되풀이하다가 결국 아무것도 증명하지 못할 것이다."

우리가 만일 뭔가가 그 자체라는 것을 인정하지 않는다면 말의 의미에 대해서도 동의할 수 없다. 동일률을 인정하지 않는다면 모든 말은 무의미한 소음이 될 것이다. 우리가 대화하고 (대체로) 서로 이해할 수 있는 것은 동일률을 암묵적으로 받아들이기 때문이다.

동일률은 모든 사물은 그 자체와 같다는 사실이 함축하는 모든 의미를 인정하는 것이다. 다시 말해, 모든 사물은 어떤 사람 –또는 세상 전체– 이 어떻게 생각하든지 간에 그 자체로 존재한다. 에이브러햄 링컨은 언젠가 우스갯소리로 "당신이 꼬리를 다리라고 부른다면 개의 다리가 몇 개입니까?"라는 질문을 하고 나서 말했다. "넷입니다. 꼬리를 다리라고 부른다고 해서 다리가 되는 것은 아니죠." 동일률은 당연한 것처럼 보이지만, 사실 우리의 생활과 중요한 관련이 있다. 철학자뿐 아니라 누구나 동일률이 함축하는 의미를 받아들여야 한다. 어떤 사물이 그 자체와 같다는 사실을 인정하지 않는다면, 그리고 그러한 인정에 기초해서 행동하지 않는다면 무서운 일이 일어날 수 있다. 예를 들어, 어떤 사람이 트럭을 트럭이 아니라 꽃이라고 생각한다면 그는 트럭에 치일 수 있다. 마찬가지로 독약을 음식이라고 생각한다면 십중팔구 죽게 될 것이다.

모든 사물은 그 자체와 같다고 말하는 것은 모든 사물이 특별한 본성을 지니고 있다는 의미다. 예를 들어, 트럭은 고체이고 부피가 크다. 독약은 특별한 화학적 성분을 갖고 있어서 혈류에 들어가면 특별한 방식으로 작용한다. 동일률과 모순율을 받아들이는 것은 선택이 아니라 필수다.

그런데 철학자나 정치가가 동일률을 고려하지 않은 도덕 체계나 정치 체계를 제안하는 경우가 상당히 많다. 사회를 위한 행동 규범을 처방하면서 인간이 인간이라는 사실을 받아들이지 않는 것은 트럭의 본성을 인정하지 않고 길을 건너는 것과 같다. 윤리나 정치에서는 더 크고 심각한 피해를 보게 된다.

대부분의 사람은 트럭이나 독약과 같은 물리적 대상에 대해서는 쉽사리 동일률을 존중하지만 감정에 대해서는 그렇지 못하다. 우리의 정체성을 위협하는 감정을 느낄 때 특히 그렇다. 만일 스스로 용감하다고 생각하고 그것을 중요하게 여긴다면 때로 두려움을 느낀다는 사실을 인정하고 싶지 않을 것이다. 만일 스스로 관대하다고 생각한다면 질투하는 감정을 인정하기 어려울 것이다. 하지만 정신건강을 위해 무엇보다 감정을 받아들여야 한다. 감정을 있는 그대로 느끼고 현실을 존중해야 한다.

나다니엘 브랜든은 현실 존중을 정신건강을 위한 기초로 여긴다.[4] 감정, 실패, 성공의 현실을 받아들이는 자기 수용은 동일률을 인정하고 우리의 감정에 적용하는 것이다. "아주 간단히 말해 자기 수용은 현실주의다. 존재하는 것은 존재한다. 느끼는 것을 느낀다. 생각하는 것을 생각한다. 이루어낸 것은 이루어낸 것이다." 동일률이 일관적이고 논리적인 철학의 기초가 되는 것처럼, 자기 수용은 건강하고 행복한 마음의 기초가 된다.

감정은 감정이다

부모가 아이들의 감정과 관련해서 동일률을 인정하지 않으면 아이는 자신의 감정을 제대로 받아들이지 못하게 된다. 화를 내는 아이에게 "이런 사소한 일로 화를 내면 안 된다. 알았니?" 라고 말하는 것은 아이가 느끼는 실제 감정을 무시하고 아이로 하여금 화가 나는 현실을 부정하라고 강요하는 것이다. "네가 느끼는 분노는 분노가 아니다" 라고 말하는 것이다. 아이가 형에게 "나는 형이 미워"라고 말할 때 부모가 "너는 형을 미워하지 않아. 사실은 형을 사랑하는 거야, 그렇지?" 라고 말하는 것 역시 아이가 느끼는 감정을 부정하는 것이다. "너의 감정은 실제로 감정이 아니다"라고 말하는 것이나 다름없다.

심리학자 하임 G. 기너트는 아이들과의 소통에 대한 책『부모와 아이 사이』에서 이렇게 이야기한다. "많은 사람이 자신이 느끼는 감정을 알 수 없게끔 교육을 받는다. 증오심은 단순히 나쁜 것이라고 배운다. 두려워하면 두려워하지 말라고 배운다. 고통을 느낄 때 용감해지고 미소를 지으라고 한다." [5] 기너트는 아이들에게 진실을 말해주어야 한다고 주장한다. 증오는 증오이고 두려움은 두려움이고 고통은 고통이다. 부모의 역할은 아이의 감정을 비추는 거울이 되어주는 것이다. 아이가 그 거울에 자신의 감정을 비추어보는 것으로 실제 감정을 왜곡하거나 분석하지 않고 있는 그대로 받아들이게 해야 한다. "아이들은 거울을 보고 자신의 외모에 대해 알게 된다. 마찬가지로 아이들은 부모가 하는 말을 듣고 자신의 감정에 대해 알게 된다." 거울이 우리에게 설교하지 않고 단지 있는 그대로 보여주는 것처럼, 감정의 폭풍 속에 있는 아이에게는 설교를 하지 말아야 한다. 아이가 느끼는 슬픔이나 분노를 가라앉히기 위해서는 종종 "너 무척 슬퍼 보인다" 또는 "너 화가 많이 난 것 같구나"라는 말로 충분하다.

나는 대학에서 처음 기너트의 책을 읽었고, 나중에 부모가 되어 그의 조언이 절실히 필요했을 때 다시 읽었다. 그가 제안하는 방법은 놀라울 정도로 효과적이다. 아이는 자신의 감정을 이해해준다고 느끼면 금세 180도로 바뀐다. 예를 들어, 오늘 아침 데이비드는 어제 내가 사다 준 새 슈퍼맨 모자에 대해 불만을 터트렸다.

"모자가 너무 커서 쓰기 싫어요! 자꾸 벗겨진다고요. 에잇, 안 쓸 래요!"

나는 데이비드의 기분을 풀어주고 싶었다. 또 그 기회를 이용해서 작은 일에 지나친 반응을 보이는 버릇을 고쳐주어야겠다는 생각으로 달래듯이 말했다.

"큰일도 아닌데 네가 너무 화를 내는 것 같구나."

그러자 그는 슈퍼맨보다 더 빠른 속도로 반응했다. 큰소리로 뭔지 알아들을 수 없는 말을 중얼거리며 모자로 소파를 내려치기 시작했다. 분명히 방금 내가 한 말은 효과가 없었다.

다행히 기너트가 가르쳐준 방법이 생각나서 방법을 바꿔보기로 했다.

"데이비드, 그 모자가 마음에 들지 않는 거구나. 모자가 그렇게 크니?"

데이비드는 잠시 머뭇거리다가 나를 보고 말했다.

"네."

나는 아이가 느끼는 감정에 대해 생각하며 계속해서 말했다.

"오늘 유아원에 그 모자를 쓰고 가려고 하는데 너무 커서 쓸 수가 없구나. 무척 화가 나겠는걸."

"네, 오늘 이 모자를 정말 쓰고 싶었어요."

이 말을 내뱉음과 동시에 아이의 태도가 돌변했다. 데이비드는 환하게 웃으며 발끝으로 서서 방을 빙빙 돌며 말했다.

"아빠, 보세요. 내가 공룡처럼 걷고 있어요."

위기는 지나갔다.

슈퍼맨 모자가 아이의 머리에 맞지 않는 것이, 이를테면 어떤 사람들이 기본적인 옷가지를 사 입을 수 없는 것과 같은 수준으로 중요한 문제일까? 물론 그렇지 않다. 나는 처음에 데이비드에게 그것이 그다지 중요한 문제가 아니라는 사실을 이해시키려고 했다. 하지만 동시에 내가 그의 감정을 존중한다는 것을 보여주고 데이비드가 자신의 감정을 중요하게 생각하기를 바랐다. 기너트는 바로 이 점을 내게 상기시킨다. "아이는 강렬한 감정을 느낄 때 누구의 말에도 귀를 기울이지 않는다. 조언이나 위안이나 건설적인 비판을 받아들이지 못한다. 단지 자신을 이해해주기를 바란다." 기너트는 계속해서 다음과 같이 이야기한다.

> 아이가 강렬한 감정을 느낄 때 "그렇게 느끼는 것은 좋지 않다" 또는 "그런 식으로 느낄 이유가 없다"는 말로 설득하는 것은 아무 소용이 없다. 강렬한 감정은 쫓아낸다고 해서 사라지지 않는다. 아이를 이해하고 인정하며 받아들일 때 비로소 강도가 줄어들고 수그러든다. 아이뿐 아니라 어른도 마찬가지다.

아이나 배우자나 그 누구(우리 자신을 포함해서)와 대회를 나눌 때 만일 상대방의 감정이 격해지면 일단 그 감정을 인정해주는 것이 최선이다. 설득하거나 가르치거나 조언을 하는 것은 잠시 보류하는 것이 좋다. 나는 본의 아니게 데이비드의 감정을 무시함으로써 문제를 더 크게 만들었다. 데이비드는 내 설교에서 아무것도 배우지 못했을 뿐 아니라 나에게 화가 났다. 물론 나도 화가 치밀었다. 그때 기너트의 접근 방법이 우리를 구원해주었다. 나는 데이비드에게 그의 마음을 이해한다는 것을 보여주었고 데이비드는 자신의 감정이 중요하다는 것을 배웠다. 데이비드에게 감정을 조절할 줄 알고 가진 것에 감사할 줄 아는 사람이 되어야 한다고 가르치는 것은 다음번에 아이가 흥분하지 않았을 때 할 수 있을 것이다.

물론 우리 자신이나 상대방의 감정을 받아들인다고 해서 모든 문제가 해결되는 것은 아니다. 어떤 문제는 해결하려면 상당한 노력과 시간을 투자해야 한다. 하지만 일단 감정을 인정하는 것은 문제해결로 가는 중요한 첫 단계이다. 거의 즉시 감정의 강도가 완화될 뿐 아니라 장기적으로 동일률과 현실을 존중하는 법을 배우게 된다.

최적주의를 향한 여행은 끝이 없다

영원한 행복과 평화의 장소는 꿈이나 잡지 속에만 존재한다.

우리는 끊임없이 완벽한 무언가로부터 공격을 받는다. 『맨즈헬스』 잡지의 표지에는 꽃미남들이, 『보그』 잡지의 표지에는 환상적인 미의 여신들이 완벽한 자태를 뽐내고, 영화 속에서는 완벽한 외모를 지닌 남녀 주인공이 2시간 남짓한 시간 동안 갈등을 해결하고 완벽한 사랑에 골인한다. 자기계발 강사들은 우리에게 무한한 잠재력이 있으며, 우리가 믿는 대로 성취할 수 있고, 뜻이 있는 곳에 길이 있다고 말한다. 「뉴욕타임스」 베스트셀러의 표지에서 온화한 미소를 머금고 있는 영적 지도자들은 자신이 인도하는 길을 따라오기만 하면 '완벽한' 마음의 평화를 찾을 수 있다고 말한다.

그런데 영화, 잡지, 책에서 보여주는 완벽한 이상형은 실제로 존재하는 것일까? 사진 뒤에 숨어 있는 인간적인 꽃미남은 자신의 직업이나 사람들과의 관계에서 완벽히 만족하고 있을까? 다음 달 표지를 장식하는 꽃미남에게 위협을 느끼고 있지는 않을까? 포토샵으로 다듬지 않은 미의 여신은 자신의 피부에 완벽히 만족할까? 세월과 중력의 흔적에서 자유로울 수 있을까?

완벽주의를 극복하고 최적주의로 가기 위해서는 실패, 감정, 성공, 무엇이든 현실을 있는 그대로 받아들여야 한다. 실패를 받아들이지 않으면 도전과 노력을 피하게 되고 그 결과 학습과 발전의 기회를 놓치게 된다. 고통스러운 감정을 받아들이지 않으면 결국 그러한 감정에 사로잡히게 되어 마음의 평화에서 멀어진다. 그리고 성공을 받아들이고 포용하고 감사하지 않는다면 세상만사가 부질없는 일이 된다.

진정으로 현실을 수용하는 삶을 사는 상상을 해보자. 성적에 연연하지 않으며 공부를 하고, 성공과 실패를 발전과 성장에 필요한 단계로 받아들이는 상상을 해보자. 상대방에게 부족함을 감추지 않고 우리 자신을 있는 그대로 보여주는 관계를 상상해보자. 아침에 일어나서 거울에 비친 모습을 있는 그대로 받아들이는 것을 상상해보자.

하지만 현실을 받아들이는 것만으로는 완벽주의로 인한 문제가 해결되지 않는다. 그렇게 기대한다면 더욱 불행해질 뿐이다. 나는 완벽주의나 전반적인 불행을 신속하게 해결하는 방법이 있다고는 믿지 않는다. 받아들임을 통해 좀 더 행복한 삶을 추구하는 과정은 불가피하게 많은 혼란이 따른다. 지상 천국에 대한 약속에 마음이 흔들리고, 자기 수용을 향해 가는 오디세이에서 사이렌의 유혹을 받을 때마다 완벽한 평정심을 갖지 못하는 것에 대해 좌절하고 환멸감을 느낀다. 하지만 현실을 완전하게 받아들이고 그래서 완전하게 평온할 수 있다고 생각하는 것 역시 환상이다. 현실에서 모나리자의 평정심을 영원히 유지하면서 살 수 있는 사람이 있을까?

최적주의를 향한 여행은 끝이 없으며 우리 자신—실패, 감정, 성공—을 완전하게 받아들이는 최종 도착지는 없다. 내가 아는 한, 영원한 행복과 평화의 장소는 꿈이나 잡지 속에서만 존재한다. 그렇다면 시시포스의 행적을 따라가는 대신 짐을 내려놓고 완벽함의 신화에서 벗어나야 하지 않겠는가? 우리 자신에게 좀 더 관대해지고, 실패와 성공을 풍요롭고 충만한 삶의 일부로 받아들이며, 두려움, 질투, 분노를 느끼면서 때로 우리 자신을 받아들이지 못하는 것도 인간적이라는 사실을 받아들여야 하지 않겠는가?

HAPPY TRAINING

불완전한 문장 완성하기

심리학자 나다니엘 브랜든은 불완전한 문장을 다양한 마무리로 완성하면서 우리 자신에 대해 알아보는 심리 치료 기법을 고안했다. 요령은 한 문장을 적어도 여섯 가지로 마무리하는 것이다. 말로 해도 되고 글로 적어도 된다.

이 연습문제를 풀 때는 마음속에 있는 자기비판 기능은 잠시 접어두길 바란다. 서로 모순되거나 일관성이 없거나 터무니없는 생각이라고 해도 머리에 떠오르는 대로 말하거나 쓰는 것이 중요하다. 문장 완성하기는 그 자체가 받아들이는 연습이다. 거리낌 없이 자유롭게 생각나는 대로 표현하면 된다.

문장을 다 완성하고 나면 처음부터 다시 읽어보면서 사리에 맞는 문장, 좀 더 깊이 생각해보고 싶은 문장, 그리고 무의미한 문장을 구분한다. 그 문장들을 분석하고 거기서 배운 것을 쓰고, 그렇게 분석한 것을 기초로 행동을 취한다.

예로, 나는 다음과 같이 문장을 완성했다.

예: 만일 내가 나 자신을 5퍼센트만 더 받아들인다면…

지금처럼 죽어라고 일하지 않을 것이다.
크게 성공하지 못할 것이다.
지금보다 더욱 성공할 것이다.
내가 하고 싶은 일들을 할 것이다.
다른 사람들이 나를 거부할 것이다.
다른 사람들이 나에게 화를 낼 것이다.

나는 다른 사람들을 좀 더 받아들일 것이다.
다른 사람들이 나를 좀 더 인정해줄 것이다.
더 이상 나 자신을 끊임없이 증명해 보이려고 노력하지 않을 것이다.
좀 더 평온해질 것이다.

다음 문장들을 완성해보자.

만일 나 자신에게 인간적이 되도록 허락한다면…
나 자신의 감정을 거부할 때 나는 …
내가 완벽주의자에서 5퍼센트만 벗어난다면…
내가 5퍼센트만 좀 더 현실적이 된다면…
내가 최적주의자가 된다면…
나의 성공을 5퍼센트만 더 인정한다면…
나의 실패를 받아들인다면…
내가 두려워하는 것은…
내가 희망하는 것은…
내가 새로 알게 된 사실은…

이 문장들을 완성하는 연습을 하고, 그다음부터는 스스로 문장을 만들어본다. 문장 완성하기는 한 달 동안 매일 할 수도 있고 일주일에 한 번 할 수도 있다. 또 한 번에 열 문장씩 할 수도 있고, 두 문장씩 할 수도 있다. [6]

이미 성공한 것처럼 글쓰기

엘렌 랭거 교수는 학생들에게 매우 저명한 학자들의 지능을 평가해보도록 하는 실험을 했다. 첫 번째 그룹의 학생들에게는 그 학자들이 어떻게 성공했는지에 대한 정보를 주지 않았다. 학생들은 과학자들의 지능을 매우 높게 평가했고 자신들은 그들처럼 성공할 수 없다고 생각했다. 두 번째 그룹의 학생들에게는 그 학자들이 성공하기까지 겪어야 했던 시행착오와 좌절에 대해 이야기해주었다. 두 번째 그룹의 학생들 역시 첫 번째 그룹과 마찬가지로 그 학자들을 높게 평가했지만 자신들도 그들처럼 성공할 수 있다고 생각했다.

첫 번째 그룹의 학생들에게는 과학자들의 업적에 대해서만 알려주었다. 그들은 현실의 일부인 '결과'만 보았다. 이것이 완벽주의자의 관점이다. 두 번째 그룹의 학생들에게는 그 학자들이 성공하기까지 어떤 길을 걸어왔는지도 같이 알려주었다. 그들은 현실을 '과정과 결과'로 보았다. 이것이 최적주의자의 관점이다.

말할 나위도 없이, 모든 업적은 일련의 단계를 거쳐서 이루어진다. 성공은 오랫동안 노력하고 많은 실패와 투쟁을 견디고 인생의 부침을 겪은 후에 비로소 찾아온다. 음악계는 소위 '하루아침 스타'로 가득 차 있는 것처럼 보인다. 그런데 알고 보면 그들 역시 실제로 오랜 시간 고된 훈련을 받고 노력한 끝에 스타가 된 것이다. 하지만 우리는 결과만 보고 거기에 도달하기 위해 투자한 시간과 노력을 간과하곤 한다. 그래서 그들의 성공을 우리 손에 닿지 않는 곳에 있는 초인적 천재들의 전유물처럼 본다. 랭거는 말한다. "어떤 사람이 성공하기까지의 과정을 알면 그의 성공이 노력에 의해 얻어진 것이며 우리에게도 가능성이 있다는 생각을 하게 된다. (중략) 아무리 높은 목표라도 단계적으로 올라가는 상상을 할 수 있다."[7]

당신이 동경하지만 도달할 수 없을 것 같은 목표를 글로 써보자. 이야기를 하듯이 당신이 그 목표에 어떻게 도달할 것인지 설명해보자. 어떤 단계를 거쳐 어떤 장애물과 도전을 만나 어떻게 극복할 것인지 서술해보자. 어디에서 함정을 만날 수 있는지, 어디에서 비틀거리고 넘어질 수 있는지, 그리고 어떻게 다시 일어날 것인지 이야기해보자. 마지막으로 마침내 목적지에 도달할 때의 이야기를 써보자. 모험담을 쓰듯, 최대한 생생하게 표현한다. 당신이 원하는 각각의 목표에 대해서 이 연습을 해보자.

충분한 조사를 바탕으로 성공을 현실적으로 묘사하고 업적을 객관적으로 자세히 분석해서 서술한 유명인들의 전기를 읽어보는 것도 좋다. 특히 당신이 관심을 가진 분야에서 성공한 사람들의 전기를 읽으면 도움이 될 것이다.

PART 2

완벽하지 않아도
괜찮다!

부모와 아이 모두
행복한 자녀교육법

완벽하게 하려다가
잘할 수 있는 일도 그르친다.
— 볼테르 —

아리스토텔레스는 심리학에 관한 논고에서 중용 또는 중도라고 알려진 행동 규범을 제시한다. 그는 미덕을 '개인적인 특성을 부족하거나 과하지 않게 표현하는 것'이라고 정의한다. 예를 들어, 용기의 미덕은 조금만 위험을 느껴도 무작정 달아나는 비겁한 태도를 취하거나 결과를 생각하지 않고 무작정 위험한 상황에 뛰어드는 무모한 행동을 하지 않는 것이다. 마찬가지로 겸양은 자기 비하와 오만함 사이의 적절한 중간지대에 있다.

아이들을 양육하고 교육하는 문제에서는 양극 사이에서 적절한 균형을 취하는 것이 중요하다. 아리스토텔레스 이후 2천 년 이상 교육자와 심리학자들은 우리 가정과 학교에서 중용의 원리를 적용하는 방법을 제안해왔다.

칭찬이 아이를
망친다

유복한 가정에서 자란 아이에게서 꼭 보이는 모순이 있다. 그것은 교육과 관련하여 중요한 교훈을 가르쳐준다. 물질적으로 풍족한 가정의 아이 중에는 종종 행복하지 않은 아이들이 있다. 그런 아이들은 통계학적으로 약물남용, 우울증, 불안증의 문제를 겪을 확률이 높다. 심리학자 수니야 루사의 연구진은 소위 불행한 행운아들의 가장 큰 문제는 부담감과 외로움이라고 말한다. 그 문제의 요인 중 하나는 부모와 교사가 아이들의 삶에 지나치게 개입하기 때문이다.[1]

부유한 가정의 아이들은 종종 사립학교나 좋은 학군의 학교에 입학한다. 그들의 목표는 선행학습으로 열심히 공부하고 우등생이 되어 명문 대학에 입학하는 것이다. 그들은 학교 성적을 올려야 한다는 부담감에 시달린다. 그들에게는 학습하는 과정을 즐기고 탐험하고 실패에서 배우는 것은 중요하지 않다. 여행은 단지 목적을 위한 수단에 불과하다. 루사의 말처럼 많은 부모가 아이를 위해 최선을 다하는 것이 오히려 아이들에게 위기감과 부담감을 줄 수 있다는 사실을 인식하지 못한다. 그러한 위기감과 부담감이 아이들을 완벽주의자로 만드는 것이다.

안타깝게도 오늘날 교육제도는 본의 아니게 완벽주의를 부추긴다.

명문 대학에 입학하기 위해서는 어떤 학생이 되어야 할까? 자신의 열정을 발견하기 위해 이것저것 시도해보다가 여러 번 실패를 해본 학생일까, 아니면 나무랄 데 없이 깨끗한 성적증명서를 받은 학생일까? 다른 모든 조건이 동일하다면 대부분의 대학에서는 전자보다 후자를 받아들인다. 용기 있는 실패보다는 정형화된 성공을, 열정적인 탐구보다는 측정 가능한 결과를 중요하게 생각하는 것이다.

아이들에게 높은 기대를 거는 것은 필요하다. 사실 가난한 동네의 공통적인 문제점은 일부 부모들, 교사들 그리고 교육자들이 아이들에게 거는 기대가 낮은 것이다. 높은 기준에 맞추려고 노력하면 우리가 최적주의라고 부르는 건강하고 현실적인 완벽주의로 갈 수 있다. 장기적인 성공과 행복을 위해서는 대체로 도전적인 목표를 추구하면서 동시에 실패와 부족을 받아들여야 한다. 부모와 교육자가 해야 할 일은 아이들에게 높은 기대를 걸고 또한 탐험하고 모험하고 실수하고 실패할 수 있는 기회를 주고 격려하는 것이다.

물론 아이들만 성취에 대한 압력을 받는 것은 아니다. 부모 자신도 그와 유사한 교육을 받고, 하고 싶지 않더라도 장시간 일을 하면서 보낸다. 이런 부모는 보통 아이들에게 투자할 시간과 에너지가 부족하다. 부모의 보살핌을 받지 못하는 아이들은 우울하고 불안해질 뿐 아니라 외로움을 타고 또래 집단의 압력에 휘둘리기 쉽다. 그 결과 심각한 문제가 발생할 수 있다.

지나친 간섭 역시 해로운 것은 마찬가지다. 부모가 옆에서 끊임없이 감시하고 모든 행동을 평가하며 모든 단계에서 일일이 무엇을 해야 하고 무엇을 하지 말아야 하는지 지시한다면, 결국 아이는 뭔가를 하는 방법은 한 가지밖에 없으며 지금 있는 곳과 목적지 사이의 최단 거리가 완벽한 길이라고 배운다. 그 길에서 벗어나는 것은 용납하지 않는다. 시간이 지나면서 아이는 자신이 하는 모든 일을 평가하는 그 목소리를 자신의 것으로 만들어서 부모가 옆에 없어도 그 지시에 따른다.

부모와 교사는 아이에게 분명한 방향을 제시하고 옳고 그른 것을 지적해주면 아이가 실수를 피하고 더 빨리 발전할 수 있을 것이라고 생각한다. 그 지침은 아이에게 필요하며 실제로 건강한 발달을 위해 도움이 될 수 있다. 하지만 좋은 약도 지나치면 독이 되는 법이다. 아이에게는 미지의 영역을 탐험하다가 이따금 막다른 골목에 부딪치는 경험도 필요하다.

완벽주의 성향을 가진 부모는 특히 자녀 문제에 사사건건 간섭하려고 한다. 부모의 이런 양육방식은 아이의 발전을 방해할 수 있다. 안전한 환경을 제공해주고 그 안에서 아이 스스로 판단을 내리고, 실패의 고통과 학습의 기쁨, 성공의 자부심과 독립의 어려움을 경험할 기회를 제공해야 한다.

아이러니하게 부모의 과다한 칭찬과 격려는 과다한 비난만큼이나 아이에게 해로울 수 있다. 일부 부모는 심리학자와 육아 전문가의 조언에 따라 아이가 뭔가를 잘할 때마다 아낌없이 칭찬을 한다. 칭찬은 물론 중요하지만 아이들은 또한 칭찬이나 비판을 듣지 않고 스스로 공부나 놀이에 집중하는 시간이 필요하다.

최악의 경우는 위의 두 가지가 결합된 상황이다. 루사의 연구진은 부유한 배경의 10대 아이들이 약물을 남용하고 탈선할 가능성이 큰 원인은 보통 '부모의 부재와 잔소리'라는 사실을 밝혀냈다. 아이들과 보내는 시간이 적고 방과후에 적절한 감독을 하지 못하는 부모들이 자신들의 부재를 만회하기 위해 지나치게 간섭하고 잔소리하는 것이다.

맏이에 대한 연구 결과를 보면 지나친 간섭과 무관심 사이에서 적절한 균형을 맞추는 것이 중요하다는 사실을 다시 한번 확인할 수 있다.[2] 맏이로 태어난 아이는 대체로 지능이 높은 경향이 있다(명문 대학에 진학한 학생 대부분이 맏이다). 그 이유는 적어도 부모로부터 더 많은 시간과 관심을 얻기 때문이다. 하지만 동시에 맏이는 동생보다 완벽주의자가 될 가능성이 더 크다. 그 이유 역시 부모가 아이와 더 많은 시간을 보내면서 옆에서 일일이 간섭하기 때문이다. 어떤 부모는 둘째나 셋째에게 첫째 아이처럼 관심을 주지 못하는 것을 미안하게 느끼지만 오히려 아이에게는 그 편이 더 좋을 수도 있다. 아이들에게 실험 공간을 제공해야 한다는 것은 방관하라는 이야기가 아니다. 부모의 참여는 반드시 필요하다. 아리스토텔레스의 중용을 빌려서 말하자면, 문제는 적절한 시간에 적절한 정도로 적절한 동기를 갖고 적절한 방식으로 참여하는 것이다. 물론, 모든 부모가 알고 있듯이 말하기는 쉽지만 실천하기는 어렵다.

교육의 중용을 보여주는 대표적인 예는 몬테소리 학교에서 찾아

볼 수 있다. 몬테소리 학교의 목표는 '체계적인 환경 속에서 자유로움'을 추구하는 것이다. 체계나 경계가 없는 자유는 방종이며, 자유가 없는 체계나 경계는 구속이다.[3] 몬테소리 학교 학생들이 개인이나 그룹 과제에 완벽히 몰두하는 모습은 인상적이다. 학생은 필요하면 언제든지 교사의 도움을 받을 수 있지만, 교사들은 최소한으로 개입하면서 필요할 때만 칭찬이나 비판을 한다. 교사가 하는 주요 역할은 아이들에게 연령에 적합한 안전한 환경을 제공하는 것이다. 아이들은 안전한 환경 속에서 구멍 안의 물건들을 집어넣는 놀이나 인류의 기원에 대한 중대한 호기심을 탐험하며 주체적으로 행동할 수 있다.

긍정심리학 운동에 영향을 준 미하이 칙센트미하이는 케빈 래선드와 함께 몬테소리 학교와 전통적인 학교의 비교 연구를 실시했다.[4] 가장 큰 차이점은 전통적인 학교의 학생들은 많은 시간 수업을 듣고 필기를 하는 체계적인 활동을 하면서 보내는 반면, 몬테소리 학교에서는 학생들이 개인이나 그룹으로 하는 독립적 활동에 더 많은 시간을 보내는 것이다. 이러한 몬테소리의 활동은 학생들에게 자유와 체계를 동시에 제공한다. 몬테소리 학생들이 친구들과 교사들, 그리고 학교에 대해 좀 더 우호적으로 인식하고 있는 것은 당연한 결과다. 그들은 적극적으로 수업에 참여했으며 활발하고 의욕적이었다.

아이가 넘어져 울 때, 내버려두라

영국의 저명한 소아과 의사이며 정신분석학자인 도널드 위니콧은 아동 발달에 관한 연구에서 부모들의 건강한 참여에 대해 이야기한다.[5] 위니콧의 연구는 엄마의 역할에 초점을 맞추고 있지만 아버지나 육아에 직접 관여하는 사람들에게도 해당된다.

위니콧은 갓 태어난 아이는 엄마에게 전적으로 의지하며 정신적·육체적으로 완벽히 공생관계에 있다고 이야기한다. 이 단계에서 엄마는 아이를 먹이고 안아주면서 아이의 모든 욕구를 보살펴야 한다. 그러다가 점차적으로 뒤로 물러나서 아이가 분리 과정을 통해 성숙하고 독립적으로 성장할 수 있도록 도와주어야 한다. 아이의 모든 욕구에 즉각적이고 완전하게 반응하기보다는 적당히 반응해야 한다.

육아에 있어서 최적주의는 아이에게 독립을 배울 수 있는 기회를 주는 것이다. 예를 들어, 아이가 울 때마다 즉시 달려가서 안아주기보다는 안전한 상황이라면 아이 스스로 불편을 극복하도록 한다. 엄마에게 모든 것을 의존할 수 없다는 것을 알게 되면서 스스로 위안을 찾는 법을 배우도록 하는 것이다. 위니콧이 "점차적 반응 불이행"이라고 묘사한 것처럼 엄마가 눈치껏 아이를 실망시키는 횟수를 늘려가면 아이는 독립적으로 외부 세상에 대처하는 능력이 발달한다. 현실 세계에서 실패는 불가피하다는 사실에 비추어보면, 진정으로 아이를 사랑하는 엄마라면 안전한 환경 속에서 점차적으로 아이가 혼자 어려움을 극복할 수 있도록 훈련을 시켜야 한다.

아이가 독립하는 과정—예를 들어, 우는 아이가 엄마의 부재를 견디는 시간—은 부모나 아이 모두에게 불편하고 힘들다. 하지만 다른 방법은 없다. 아이가 넘어지지 않도록 계속 안아주고 보호한다면 아이는 혼자 걷는 법을 배우지 못할 것이다. 실패가 없으면 배우지 못한다.

완벽주의 부모와 최적주의 부모는 아이의 행동에 전혀 다르게 반응한다. 그리고 그 반응은 아이의 행동 발달에 영향을 끼친다. 예를 들어, 완벽주의 부모는 아이가 음식을 흘리지 않도록 떠먹여주거나 흘리는 것을 계속해서 닦아낸다. 반면, 최적주의 부모는 스스로 배우는 것의 중요성을 인식하기 때문에 아이가 음식을 흘리고 얼굴에 칠하고 빈 수저를 입에 가져가고 머리카락에 묻히도록 내버려두는 동시에 아이가 음식을 배불리 먹게 한다. 그리고 포크로 자신을 찌르지 않도록 보살핀다. 적절한 수준의 개입을 통해 아이의 건강과 안전을 지키면서 실패에서 배우는 기회를 허락하는 것이다.

부모는 아이가 청년이 될 때까지 방임과 과잉보호 사이에서 중도를 찾아야 한다. 하지만 완벽주의 부모는 아이가 10대가 되어도 계속 아이 주변을 맴돌면서 아이가 원하는 것은 무엇이든 들어준다. 게다가 아이에게 감정적이고 정신적으로 안전한 환경을 만들어주려고 한다. 교사나 친구와의 사이에 갈등이 생기거나 어떤 과목이나 과제 때문에 힘들어하면, 부모가 나서서 문제를 해결한다. 이처럼 부모가 아이를 대신해서 모든 문제를 해결한다면 역효과가 일어나 아이의 발전에 해로울 수 있다.

아이가 불편한 경험들을 비켜가고, 자신보다 행복하게 살기를 바라는 부모의 마음은 지극한 사랑과 관심에서 비롯되는, 당연한 것이다. 하지만 부모가 모르는 것이 있다. 그것이 당장 아이를 행복하게 해줄지 몰라도 장기적으로는 아이에게서 자신감, 융통성, 의지, 사회성을 배우는 기회를 빼앗는 결과가 된다는 사실이다. 19세기 영국 작가 새뮤얼 스마일즈는 말했다. "원하는 모든 것을 갖추고 더 이상 희망하거나 욕망하거나 노력할 필요가 없는 것보다 무서운 저주는 없을 것이다."[6] 건강한 발달을 위해, 성장하고 성숙하기 위해, 아이들은 어느 정도 실패와 시련, 고통스러운 감정을 경험할 필요가 있다. 나 역시 부모로서 종종 우리 아이들이 고통을 피할 수 있는 지름길이나 우회로를 찾아가기를 바라지만 현실에서 그런 길은 있을 수 없다.

학교는 완벽주의자들로 가득하다. 시계를 거꾸로 돌려 처음부터 다시 시작할 수 없다면, 교사나 부모는 이미 완벽주의자가 된 아이들을 이제부터라도 어떻게 가르쳐야 할 것인가? 아니면 앞으로 완벽주의자가 되지 않도록 어떤 도움을 줄 수 있을까? 교육자들이 고정형 사고방식fixed mind set과 성장형 사고방식growth mind set에 대한 캐롤 드웩의 연구를 이해하고 인격과 행동을 구분하는 법을 배운다면 아이들을 완벽주의자로 만들지 않을 수 있을 것이다.

완벽주의의 함정

캐롤 드웩은 고정형 사고방식과 성장형 사고방식을 구분한다.[7] 고정형 사고방식은 우리의 지능, 신체적 기능, 인격, 사회성과 같은 특성들이 고정적이며 변하지 않는다고 믿는다. 지능과 재능을 타고나면 학업, 직업, 운동, 대인관계에서 성공할 수 있고 그렇지 못하면 영원히 부족한 사람이 되고 결국 실패할 수밖에 없다는 것이다. 반면, 성장형 사고방식은 우리의 능력이 향상될 수 있으며 평생 변화할 수 있다고 믿는다. 타고난 능력은 있지만 그것은 단지 출발점에 불과하며, 뭔가를 잘하기 위해서는 시간과 노력을 투자해야 한다는 것이다.

고정형 사고방식을 지닌 사람에게 노력이 필요하다는 말은 위협적으로 들린다. 자신의 능력에 한계가 있으며 더 나아가서 자신에게 결함이 있다는 것을 의미하기 때문이다. 무엇보다 만일 재능을 타고났다면 노력할 필요가 없을 것이다. 부족하게 보이고 싶지 않으나 부족함을 개선할 수 없다고 생각하므로 끊임없이 자신이 얼마나 똑똑하고 유능하고 완벽한지 증명하려고 애쓴다.

반면, 성장형 사고방식을 지닌 사람에게 노력은 필요할 뿐 아니라 재미있고 흥미로운 과정이다. 그의 목표는 학습하고 자신의 잠재력을 실현하며 발전하는 것이다. 그는 자신이 얼마나 똑똑한지 증명할 필요가 없으므로 여유롭게 여행을 즐길 수 있다. 성장형 사고방식을 지닌 사람은 고정형 사고방식을 지닌 사람보다 좀 더 행복할 뿐 아니라 꾸

준히 노력하므로 성공할 가능성이 커진다. 물론 고정형 사고방식을 가진 사람도 열심히 노력할 수 있다. 하지만 그가 노력하는 이유는 보통 자신의 능력을 증명해 보이기 위한 것이다. 무거운 짐을 지고 있는 셈이다.

다행히 고정형 사고방식 자체는 고정적이지 않다! 드웩의 연구진은 초등학교 5학년 학생들을 두 그룹으로 나누어 실험을 했다. 첫 번째 단계에서는 두 그룹의 학생들에게 각각 다소 어려운 열 개의 문제를 내주었다. 학생들은 대부분 정답을 맞추었다. 그들은 두 그룹의 학생들에게 서로 다른 방식으로 칭찬해주었다. 첫 번째 그룹에게는 "참 똑똑하구나" 식으로 지능에 대해 칭찬을 해서 고정형 사고방식을 유도했고, 두 번째 그룹에게는 "공부를 열심히 하는구나" 식으로 노력에 대해 칭찬을 해서 성장형 사고방식을 유도했다.

두 번째 단계에서는 학생들에게 첫 번째 단계에서 내준 것과 비슷한 쉬운 문제와 어렵지만 새로운 것을 배울 수 있는 문제 중 하나를 선택해서 풀도록 했다. 그러자 노력에 대해 칭찬 받은 그룹에 속해 있는 90퍼센트의 학생들이 어려운 문제를 선택했다. 그에 비해, 지능에 대해 칭찬받은 학생들은 대부분 익숙하고 쉬운 문제를 선택했다.

세 번째 단계에서는 두 그룹의 학생들 모두에게 어려운 문제를 내주었다. 지능에 대해 칭찬 받은 학생들은 끙끙거리며 괴로워했지만, 노력에 대해 칭찬 받은 학생들은 힘들어하면서도 배우는 것을 즐겼다. 드웩의 연구 결과처럼 "노력을 강조하면 아이들은 자제력을 배우고 스스로 성공을 통제할 수 있다고 생각하게 된다. 타고난 지능을 강조하면 아이들은 성공이 자신의 통제력에서 벗어나 있다고 생각하게 되고 실패에 대해 속수무책이 된다."

마지막으로 두 그룹에게 첫 번째 단계에서 내준 문제와 같은 수준의 시험을 보게 했을때, 지능에 대해 칭찬받은 학생들은 첫 번째 실험보다 20퍼센트 정도 성적이 내려갔다. 그에 비해 노력에 대해 칭찬 받은 학생들은 30퍼센트 정도 성적이 올라갔다. 이 연구가 보여주듯이, 성장형 사고방식을 가지면 새로운 도전을 받아들이고 도전하는 과정을 좀 더 즐길 수 있으며 결국에는 더 나은 성적을 올리게 된다.

드웩은 아이의 지능을 칭찬하거나 노력을 칭찬하는 말 한마디로 고정형 사고방식과 성장형 사고방식을 주입할 수 있었다. 그 결과는 우리가 무심코 하는 말이 아이들에게 큰 영향을 줄 수 있다는 점에서 당황스럽다. 또한 말 한마디로 중요하고 긍정적인 영향을 줄 수 있다는 점에서 고무적이기도 하다. 우리는 아이들에게 스스로 통제할 수 없는 지능이 아니라 통제할 수 있는 노력에 대해 칭찬을 해주어야 한다. 드웩은 『성공의 심리학』이라는 저서에서 다음과 같이 이야기한다.

부모는 자녀의 지능과 재능을 칭찬해주면 영구적인 자신감을 줄 수 있다고 생각한다. 하지만 역효과가 날 수 있다. 뭔가 어렵거나 잘못되면 곧바로 자신을 의심하게 하기 때문이다. 부모가 자녀에게 줄 수 있는 최고의 선물은 도전을 사랑하고 실수를 통해 자극을 받고 노력

하는 것을 즐기고 계속 배울 수 있도록 도와주는 것이다.

고정형 사고방식은 완벽주의와 유사하고 성장형 사고방식은 최적주의와 유사하다. 지능을 칭찬하면 실패에 대한 두려움을 갖게 만들 수 있다. 정말 똑똑한 사람은 실패하지 않는다는 생각을 할 수 있기 때문이다. 그에 비해, 노력을 칭찬하면 결과가 아닌 여행에 초점을 맞추게 된다. 성공이나 실패보다는 열심히 노력하는 것이 중요하다는 생각을 갖게 하는 것이다. 고정형 사고방식(완벽주의)이 실패에 대한 극심한 두려움을 느끼고 실패하면 큰일이 나는 것처럼 생각한다면, 성장형 사고방식(최적주의)은 실패를 성장과 발전의 기회로 인식한다.

교육자들은 미숙한 성취와 결과보다는 노력, 여행의 즐거움, 학습의 기회로서의 실패의 중요성과 같은 과정에 중점을 두어야 한다고 말한다. 똑똑하다는 칭찬은 칭찬을 하는 사람과 아이 모두 기분 좋게 한다. 그러나 장기적으로는 의욕, 성과, 행복감이 줄어들게 한다. 부모와 교사는 아이에게 누군가의 성공담을 들려줄 때 그가 어떤 상을 받았는지, 공부를 얼마나 잘했는지, 어떤 경쟁에서 이겼는지에 대해서가 아니라 무엇을 어떻게 배우고 발전했는지에 초점을 맞춰야 한다.

아이들은 모든 일에서 최고가 될 수 없으며, 단지 즐거움을 느끼는 것만으로도 뭔가를 하는 충분한 이유가 있다고 생각할 수 있어야 한다. 뭔가를 잘하기 위해서는 노력이 필요하지만, 그렇다고 해서 가는 길에서 즐거움을 제외시켜야 하는 것은 아니다.

나는 완벽주의의 함정에 빠져 실패에 대한 극심한 두려움과 무력감을 느낄 때마다 능력은 향상될 수 있고, 인생에는 당연히 부침이 있으며, 과거에도 종종 그랬듯이 노력을 하면 더 잘할 수 있다는 사실을 떠올린다. 성장형 사고방식으로 여행에 초점을 맞추면 부담감이 줄어든다. 또한 일의 능률이 오르고 즐기면서 일을 할 수 있다. 또한 우리 집 아이들과 학생들에게도 성장형 사고방식의 본보기를 보여주려고 노력한다.

여기서 잠시, 드웩이 말하는 고정형 사고방식과 성장형 사고방식은 소웰이 인간의 본성을 제한적 관점과 무제한적 관점으로 구분한 것과는 다르다는 점을 짚고 넘어가겠다. 드웩은 우리의 능력에 대해 이야기했고 소웰은 우리의 본성에 대해 이야기했다. 최적주의자는 일반적으로 인간의 본성에 대해 우리의 본성이 고정적이라는 제한적 관점과 함께 성장형 사고방식도 갖고 있다. 반면, 완벽주의자는 우리의 본성은 고정적이 아니라는 무제한적 관점과 고정적 사고방식을 믿는다.

보수주의 교육과
진보주의 교육이 생긴 이유

작년에 호주에 갔을 때의 일이다. 우연히 나는 라디오 방송에서 재계의 지도자들이 모여 요즘 대학을 졸업한 젊은이들에 대해 불평하는 이야기를 들었다. 그들은 똑똑한 고학력의 20대 젊은이들이 직장에서 끊임없이 응석을 받아주고 칭찬해주기를 바라며, 어쩌다 야단이라도 맞으면 시무룩해지거나 사표를 내고 그만둔다고 말했다. 미국을 비롯한 서양의 경영자들도 같은 문제에 직면해 있다. 시련을 겪으며 배움을 얻었던 구세대에게 어리광을 부리는 나약한 신입사원들은 골칫거리다.

캐롤 드웩은 이러한 신입사원들을 '응석받이 세대'라고 부른다. 그들의 부모들과 교사들은 아이들의 자긍심을 높여주겠다는 생각으로 끊임없이 칭찬해주는 한편 자아를 손상시킬 수 있는 모든 비판을 피하도록 보호했다. 하지만 그 결과는 종종 그들이 의도했던 것과 정반대로 나타났다. 그 아이들은 자긍심이 높은 어른이 되는 대신 불안정한 응석받이가 되었다. 드웩은 이런 현상을 두고 "오늘날은 끊임없이 인정만 받으려 하고 비판은 받아들이지 않는 사람들로 가득 차 있다. 그들은 도전하고 인내하며 실수를 인정하고 바로잡는 태도가 필요한 비즈니스 세계에서 성공하기 어렵다"라고 말했다.

앞으로도 상황은 나아질 것 같지 않다. 지금도 어른들은 비판은 접어두고 칭찬은 아끼지 않으며 아이들을 키우고 있다. 그 이유 중 하나는 어른들이 아이들에게 사랑받고 싶어하기 때문이다. 칭찬을 아낌없이 해주고 비판을 자제하면 아이들이 좋아할 것이라고 생각하는 것이다. 하지만 사실 아이들은 지금 당장은 깨닫지 못해도 이미 경계가 필요하다는 것을 알고 있다. 따라서 언젠가는 자신이 잘하는 것과 못하는 것을 있는 그대로 보고 칭찬과 비판을 해주는 사람에게 고마워하게 된다. 아이들의 눈치를 보고 응석을 받아주는 부모보다는 분명한 경계를 정해주는 솔직한 부모가 존경받을 수 있다.

하지만 교사나 부모가 전적으로 아이들에게 인기를 얻기 위해 그러는 것은 아니다. 이는 현대의 교육 방식이, 엄격하고 잔인한 규율에 의한 교육이 이루어졌던 오랜 역사에 대한 반동으로 발전했다는 사실과 밀접한 연관이 있다. 과거 교육 방식에서 고통을 받은 사람들이 채찍을 당근으로 바꾸고 싶어 하는 것은 이해할 만하다. 현대 미국 교육의 아버지라고 불리는 존 듀이는 1916년 『민주주의와 교육』이라는 저서를 출판함으로써 진보적인 교육 운동을 시작했다.[8] 아이들에게 권리를 돌려주고 아이들을 교육자와 인격적으로 동등한 위치에 서게 하자는 것이었다. 교육은 아이들에게 명령하는 대신 부탁하고, 아이들의 기를 죽이고 억압하는 대신 격려하고 지원해주는 방식으로 변화했다.

이것은 교육의 역사에서 중요한 변화였지만, 종종 무언가에 대한 반동으로 일어난 운동이 그렇듯이, 또 다른 극단으로 치달았다. 비판은 없고 칭찬만 하는 방임주의 진보적 학교들이 원만하고 자신감에 찬 아이들이 아니라 불안하고 불안정한 졸업생들을 배출한 것이다. 듀이는 진보주의 교육이 부정적인 결과를 가져올 수 있다는 것을 모르지 않았다. 그는 자신과 자신의 이론을 해석하고 실행하는 사람들이 너무 멀리 갔다는 사실을 깨달았다. 그는 『경험과 교육』이라는 또 다른 책을 저술해서 과거의 교육과 새로운 교육을 적절하게 융합시키는 방법을 제시했으나 크게 주목받지 못했다.[9] 다행히 반세기 동안 진보주의 교육의 영향은 생각보다 심각하지 않았다. 학생들이 직면한 제2차세계대전과 그 이후의 대공황 같은 외부적 현실은 연약한 소년과 소녀를 강인한 남자와 여자로 만들었다.

그러다가 1960년대가 되었다. 반항적인 세대는 보수적인 교육의 굴레에서 벗어나기를 원했다. 그들은 자유에 대한 새로운 정신으로 자녀를 양육했다. 하지만 전통적 교육방식의 엄격함을 완화시키겠다는 열정은 원칙과 경계까지 무너트렸다. 1960~1980년대에 태어난 아이들은 대체로 이전 세대가 겪었던 시련의 '혜택'을 받지 못했다. 삶의 도전과 싸울 수 있도록 그들을 강하게 훈련시키는 것이 아무 것도 없었다. 칭찬만 받고 자란 세대는 응석받이로 남았다.

아이러니하게도 서로 정반대의 입장에 있는 보수적인 교육과 진보적인 교육 두 가지는 모두 완벽주의 경향에서 비롯된다. 보수적인 방식의 교육을 받는 아이는 좁고 똑바른 길에서 벗어날 때마다 벌을 받기 때문에 실패를 학습 기회로 여기지 못하고 두려워하게 된다. 반면, 진보적인 방식의 교육을 받는 아이는 실패를 딛고 일어서는 법을 배우지 못한다. 무엇보다 어떤 행동을 해도 비판이나 벌을 받지 않고 자라다가 무방비 상태로 현실에서 실패의 결과를 마주하면 속수무책이 될 수밖에 없다.

그러면 어떻게 해야 할까? 오래된 방식과 새로운 방식 사이에서 중용을 찾아야 한다. 여기서 한 가지 요령은 인격을 행동과 분리해서 생각하는 것이다.

아이의 인격을
행동과 분리하라

교사와 부모로서, 학생들과 아이들에게서 최고의 자질을 끌어내기 위해서는 그들의 고유한 가치에 초점을 맞추어야 한다. SAT 점수, 학교 성적, 성공과 실패를 떠나 아이의 본질을 보고 인격체로 존중해야 한다. 아이들이 표준화된 시험이나 사회의 거울에 비치는 자신의 모습에 연연하지 않고 자존감을 키울 수 있는 환경을 조성해야 한다. 칼 로저스처럼 표현하자면 "아이들이 부모들과 교사들로부터 '무조건적인 긍정적 배려'를 느낄 수 있도록" 해야 한다.

진보주의 교육은 대체로 이 부분이 잘되고 있다. 하지만 진보주의 교육이 대체로 소홀했던 부분이 있는데 그것은 행동에 대해 확실한 경계를 정해주지 못한 것이다. '무조건적인 긍정적 배려'가 '어떤 행동을 해도 괜찮다'는 의미는 아니다. 아이가 공부를 게을리해서 형편없는 성적표를 받아오면 꾸중을 할 수 있다. 고의로 다른 아이를 해코지하면 벌을 받아 마땅하다. 따라서 아이들에게 조건 없는 사랑을 주는 한편, 어떤 행동은 용납이 되지 않는다는 것을 가르쳐야 한다. 교사로서 수천 명의 학생들의 삶을 변화시켜온 마르바 콜린스는 다른 교사들에게 다음과 같은 조언을 한다.

아이를 꾸짖어야 할 때는 다정한 태도로 하십시오. 창피를 주거나 굴욕감을 느끼게 하면 안 됩니다. 아이의 자아는 보호할 가치가 있는 귀한 것입니다. 이렇게 말해보십시오. "나는 너를 무척 사랑하지만 이런 행동은 용납할 수 없어. 내가 왜 화가 나는지 아니? 네가 그런 식으로 행동할 만큼 어리석은 아이가 아니기 때문이야." [10)]

한마디로 말하자면, '행동'에 초점을 맞춰 지적해야 한다. "너는 공부해야 할 때 공부하지 않고 놀았어. 다음번에 좀 더 노력하길 바란다." 만일 이렇게 말로 해서 듣지 않는다면 외출 금지나 좋아하는 게임을 못하게 하는 벌을 줄 수 있다.

인격을 행동과 분리하는 것은 성공과 관련해서도 똑같이 중요하다. 부모는 종종 아이가 뭔가를 잘하면 곧바로 칭찬을 해주며 아낌없이 사랑을 표현한다. 그러면 아이는 뭔가를 잘하면 부모의 사랑을 받지만 잘못하면 부모가 자신을 덜 사랑할 것이라고 추정한다. 그래서 부모의 사랑이 조건적이라고 생각하며 실패를 두려워하기 시작한다. 하임 G. 기너트는 말한다. "아이들을 칭찬할 때는 노력과 성취에 대해서만 언급해야 하며 아이의 특성과 성격에 대해서는 언급하지 말아야 한다."

공부를 잘한다고 해서 훌륭한 아이라고 말하거나 못한다고 해서 형편없는 아이라는 식으로 말하는 것은 아이의 인격에 초점을 맞추는 것이다. 그러나 열심히 노력했다거나 노력이 부족했다고 말하는 것은 아이의 행동에 초점을 맞추는 것이다. 공부를 잘하건 못하건 관계없이 부모가 아이를 사랑하는 것은 당연하다. 아이를 인격적으로 칭찬하거나 비난하면 완벽주의 사고방식을 심어줄 수 있다. 아이가 최적주의자가 되도록 유도하려면 행동에 초점을 맞추어 칭찬이나 비판을 해야 한다.

교사와 부모는 외부적인 성공에 집착하는 우리 문화를 변화시키는 중요한 역할을 할 수 있다. 우리가 사는 세상은 측정 가능한 성공을 높이 평가하기 때문에 아이들은 일찍부터 물질적인 부가 자존심을 위한 필수 조건이라는 생각을 하게 된다. 따라서 교사와 부모는 아이들에게 목적지에 도착했을 때뿐 아니라 여행을 하는 과정에서 사랑을 부어주는 환경을 마련해야 한다.

멘토에게 배우기

지금까지 당신에게 훌륭한 멘토가 되어주었던 사람들에 대해 생각해보자. 그들은 부모님일 수도 있고 학창 시절 선생님, 대학 교수, 아니면 회사 상사일 수도 있다. 당신은 그의 어떤 면에서 가장 많은 것을 배웠는가? 교육 문제와 관련해서 그에게서 무엇을 배울 수 있었는가?

이번에는 당신이 멘토 역할을 하고 있는 부분에 대해 생각해보자. 당신의 멘토로부터 배운 교훈을 직장이나 가정에서 어떤 식으로 적용할 수 있는가?

또 다른 멘토를 생각해보고 처음에 생각한 멘토와 비교해보자. 그들은 어떤 유사점과 차이점이 있는가? 당신이 하고 있는 멘토의 역할에 적용할 수 있는 효과적인 교육 방식은 또 무엇이 있는가?

건강한 완벽주의자는
놀면서 일도 잘한다

성공률을 높이고 싶다면
실패율을 두 배로 높여라.
– 토머스 왓슨 –

하버드대 경영대학원 교수인 에이미 에드먼슨이 박사 과정에 재학 중일 때 나는 학부생이었다. 우리는 둘 다 조직 행동 분야의 선도적인 학자이자 교수인 리처드 해크먼 밑에서 배우고 있었다. 에이미는 병원 직원들을 대상으로 실험을 해서 해크먼이 말한 효과적인 팀워크를 위한 조건 – 분명하고 확실한 목표와 적절한 자원 등 – 을 갖춘 팀이 의료사고를 낼 가능성이 적다는 사실을 확인하려 했다.

에이미는 몇 년 동안 자료를 수집하고 입력하고 계산한 끝에 드디어 결과를 얻었다. 하지만 그 결과는 통계학적인 의미는 있었으나 그녀가 기대했던 내용은 아니었다. 효율적인 팀워크를 위한 조건을 갖춘 병원에서 오히려 의료사고가 더 자주 일어났다고 나타난 것이다. 그것은 수십 년 동안 해크먼이 진행한 연구를 부정하는 결과였다. '어찌 된 영문이지? 어떻게 유능한 팀이 더 많은 실수를 할 수 있을까?' 그러다가 그녀는 문득 '그들이 실수를 더 많이 하는 것이 아니라 보고를 더 많이하는 것이 아닐까' 하는 생각이 들었다.[1]

에이미는 병원에 다시 찾아가서 '보고'에 초점을 맞추어 수정한 연구를 진행했다. 그 결과, 실제로 해크먼의 성공 조건을 갖춘 팀들이 의료사고가 훨씬 적다는 사실이 밝혀졌다. 해크먼의 성공 조건에 부합하지 않는 팀들은 실수를 감추고 있었고, 그 때문에 외부인들에게는 그들이 실수를 적게 하는 것처럼 보였다. 하지만 사실은 더 많은 실수를 하고 있었다. 환자가 죽어 나가는 것처럼 감출 수 없는 실수와 관련해서만 어느 그룹이 더 자주 실수를 하는지가 분명하게 드러났다.

에이미의 연구에서 우리는 '실패하지 않으면 배우지 못한다'는 개념이 개인뿐 아니라 그룹과 조직에도 해당하는 것을 알 수 있다.[2] 그러나 세상에서 유일하게 변하지 않는 것은 변화 자체밖에 없다. 경쟁에서 이기려면 개인적인 발전과 조직의 학습이 필수인 세상에서, 실패를 감추려고 하면 장기적으로 실패를 부추기게 된다. 실수를 적게 하는 팀의 구성원들은 솔직하게 보고를 하거나 도움을 청하거나 어떤 업무에서 실수를 해도 곤경에 처하거나 처벌 받지 않는다는 것을 알고 심리적으로 안전하게 느꼈다.[3] 팀의 지도자가 심리적으로 안전한 분위기를 조성할 때, 구성원들은 실수에 대해 편안하게 이야기하고 토론하면서 다 함께 배우고 발전할 수 있다. 반대로, 실수를 감추면 학습은 이루어지지 않으며 같은 실수를 반복할 가능성이 커진다.

1980년대 이스라엘 공군은 조종사들과 부대원들에게 실책과 근접

비행에 대해 보고하면 책임을 묻지 않기로 방침을 정했다. 그러자 처벌받는 것에 대한 불안감이 사라지고 학습이 활성화될 수 있는 안전한 조직 환경이 조성되었다. 그 결과 실책에 대한 보고 건수는 증가했지만 실제로 실수 때문에 사고가 일어나는 건수는 현저하게 줄어들었다. 미국 공군도 이와 비슷한 방침을 제도화했다. 조종사들은 24시간 이내에 보고한 실책에 대해서는 벌점을 받지 않는다. 하지만 실책을 감추려다가 들키면 처벌을 받는다.

성공하는 기업은
실수를 밥 먹듯이 한다

기업의 경영자들이 심리적으로 안전한 환경을 조성하면 직원들이 최적주의자가 될 가능성이 커진다. 존슨 장군이라 불리는 로버트 우드 존슨 2세는 소규모 가족 사업을 세계 굴지의 의약품과 의료기 제조업체로 키웠다. 존슨앤드존슨의 성공 비결은 경영진이 무엇보다 실수에서 배우는 학습의 중요성을 이해하고 있기 때문이다.

1989년에 은퇴하기까지 13년 동안 존슨앤드존슨을 성공적으로 이끌었던 짐 버크는 입사 초기에 존슨 장군에게서 실패를 통한 학습의 중요성을 배웠다. 버크가 개발한 신제품이 완벽히 실패로 돌아갈 때마다 당시 이사장이었던 존슨 장군이 그를 불렀다. 버크는 쫓겨날 것을 예상했지만 존슨 장군은 손을 내밀면서 이렇게 말하곤 했다.

> 자네를 축하해주려고 불렀네. 사업을 하려면 결정을 내려야 하지. 만일 결정을 내리지 않으면 실패도 하지 않겠지. 내게 가장 힘든 일은 사람들로 하여금 결정을 내리게 하는 걸세. 만일 자네가 같은 실수를 두 번 한다면 난 자네를 해고할 거야. 하지만 나는 자네가 이런저런 실수를 하면서 성공보다는 실패가 많다는 것을 알게 되길 바라네.

버크는 CEO가 되자 존슨 장군의 경영 철학을 이어받았다. 사실 존슨앤드존슨에 합류하기 전에 버크는 세 번이나 다른 사업에서 실패했다. 버크는 직원들에게 존슨 장군과의 대화를 들려주면서 자신이 실패한 경험을 떳떳하게 알리는 것으로 중요한 메시지를 전달했다. "모험을 하지 않으면 성장할 수 없습니다. 성공하는 기업은 실패를 다반사로 합니다."

위대한 경영자들이 그 자리에 있을 수 있는 이유는 자신과 다른 사람들에게 실패와 실수에서 배우는 기회를 허락했기 때문이다. 하지만 우리는 보통 기업의 지도자들이 어떤 업적을 이루어냈는지는 잘 알지만 그들에게 성공으로 가는 길을 열어 준 실수에 대해서는 잘 모른다. 베이브 루스의 삼진아웃 기록과 마이클 조던이 위닝샷을 넣지 못한 횟수에 대해서는 아는 사람이 별로 없는 것처럼, 버진 그룹의 설립자 리처드 브랜슨이나 「워싱턴포스트」의 CEO 캐서린 그레이엄, 또는 타임워너의 수완가 리처드 파슨스, 전설적인 IBM 회장 토마스 왓슨이 얼마나 많은 실패를 했는지를 아는 사람은 별로 없다. 지도자를 꿈꾸는 많은 사람은 그들의 롤모델들이 성공하기까지 실패나 실수를 하지 않았을 것이라고 착각한다. 그래서 그들의 롤모델처럼 보이기 위해 실패를 피하거나 감추려고 한다. 그 결과 도전하지 않으므로 실패에서 배우지 못하고, 방어적인 태도를 보이므로 피드백에서 배우지 못한다. 50곳 이상의 기업들의 중대한 실수를 연구한 시드니 핀켈스타인은 말한다.

> 아이러니하게도, 사람들은 직위가 올라갈수록 그들의 완벽주의를 변명으로 보완하려는 경향이 있다. 그중에서도 CEO들이 가장 심하다. 예를 들어, 우리가 연구한 어느 기업의 CEO는 45분간 인터뷰를 하는 내내 회사가 어떤 어려움을 겪고 있는지, 누구 때문에 그런 일이 생겼는지 구구절절 이야기했다. 규정자, 고객, 정부, 그리고 회사 내의 다른 간부들까지 모두에게 잘못이 있었다. 하지만 그 자신의 과실에 대해서는 일언반구도 없었다. [4]

기업의 지도자로서 이런 태도는 바람직하지 않다. 그 이유는 다음과 같다.

첫째, 직원들은 상사가 하는 말보다 행동을 보고 배운다. 만일 경영자가 실패를 인정하지 않거나 실수에서 배우지 않는다면 직원들에게 아무리 잔소리를 해도 소귀에 경 읽기가 될 것이다.

둘째, 다니엘 골먼이 CEO의 고질병이라고 표현한 이러한 태도는 직원들이 중요한 정보(불편한 진실)를 말하지 않으려는 분위기를 심화시킬 뿐이다.[5] CEO의 고질병은 흔히 볼 수 있다. 경영 컨설턴트 톰 피터스는 말한다. "고위 관리자들이 나쁜 소식을 듣고 저항이나 변명과 같은 반응을 보이거나 최악에는 그런 소식을 전하는 직원을 해고할 것처럼 보인다면, 그들은 앞으로 중요한 정보를 듣지 못하게 된다."

아랫사람들이 피드백을 제공하지 않으면 지도자는 조직의 발전에 필요한 가장 중요한 자원을 잃어버리게 된다. 전통적으로 상사는 직원들을 평가해왔다. 요즘도 경영자들은 피드백, 특히 부정적인 피드백의 경우 위에서 아래쪽으로 내려가는 것을 당연하게 생각하는 경향이 있다. 하지만 알고 보면, 직원들에 대한 상사의 평가보다 상사에 대한 직원들의 평가가 좀 더 정확하며 조직의 장기적인 성공을 위해 필요하다.[6] 잭 웰치, 빌 조지, 애니타 로딕을 비롯한 성공한 지도자들은 개인이나 기업이 성공하기 위해서는 현실을 직시해야 한다고 말한다. 직원들이 갖고 있는 정확한 정보가 위쪽으로 올라가지 못하면 경영진은 실패할 수밖에 없고 결국 조직 전체가 실패한다.

경영자가 직원들을 모질고 무례하게 대한다면 직원들은 자연히 솔직하게 말하는 것을 꺼릴 것이다. 또한 CEO가 직원들에게 유쾌하고 존중하는 태도를 보여주는 것만으로는 그들의 마음이 열리지 않는다. CEO의 고질병에 걸리지 않기 위해서는 한결같이 피드백을 장려하고,

정직한 태도에 대해 후하게 보상을 하고, 듣기 싫은 말을 하는 사람이나 듣기 좋은 말을 하는 사람이나 모두 똑같이 대해야 한다. 지도자는 경영뿐 아니라 다른 분야에서도 아랫사람들이 자유롭고 적극적으로 의견을 낼 수 있는 환경을 조성해야 한다.

실패에서 배워야 한다는 말은 하기 쉽지만 실천하기는 쉽지 않다. 마크 캐넌과 에이미 에드먼슨은 조직학습에 대한 연구에서 "대부분의 조직이 말로는 실수에서 배우는 학습이 중요하다고 하지만 실제로 실행에 옮기는 경우는 거의 없다"고 말한다.[7] 그 이유는 실패를 인정하고 실패에서 배움으로써 '잘하고자 하는 마음'보다 '잘하는 것처럼 보이려는 마음'이 앞서기 때문이다. 캐넌과 에드먼슨은 실패에 대한 생각을 재구성하는 것으로 실패에 대한 두려움을 극복하라고 제안한다. "우리는 실패에서 멀어지려고 한다. 실패를 부족함이나 수치스러움과 관련해서 생각하지 않고 모험, 불확실성, 발전과 관련된 문제로 재구성해서 생각하자. 그러면 학습 여행을 위한 중요한 첫걸음이 될 수 있다."

지도자가 실패에 대한 조직 구성원들의 사고방식을 변화시킬 수 있다면 그곳은 경쟁력과 적응력, 회복력을 갖추고 즐겁게 일할 수 있는 진정한 학습 조직이 될 것이다.

이기기 위한
경기를 하라

로버트 할리와 제임스 라이먼은 완벽주의와 업무 수행의 관계에 대한 연구 논문에서 노심초사하는 완벽주의자와 건강한 완벽주의자를 구분하고 있다.[8] 노심초사하는 완벽주의자는 주로 실수를 저지르거나 자신이나 다른 사람들의 기대에 미치지 못할까봐 두려워하고 불안한 마음에 의해 움직인다. 그의 주요 동기는 실패를 피하기 위함이다. 그래서 그는 '지지 않기 위한 경기'를 한다. 반면, 내가 최적주의자라고 부르는 건강한 완벽주의자는 노심초사하는 완벽주의자와 마찬가지로 실패를 좋아하지 않지만 실수는 누구나 할 수 있으며 그것이 학습의 기회를 제공한다는 것을 알고 있다. 그의 주요 동기는 성공하는 것이다. 그는 '이기기 위한 경기'를 한다.

노심초사하는 완벽주의자는 업무 능률과 일에 대한 만족도가 떨어진다. 그의 직원들도 마찬가지다. 노심초사하는 완벽주의자에게서 가장 공통으로 볼 수 있는 행동은 직원들이 실수하는 가능성을 아예 제거하려고 노력하는 것이다.

물론 직원들이 하는 일을 세심히 감독해야 할 때가 있다. 예를 들어, 조직의 미래를 결정할 수 있는 투자자들에게 제출할 종합 보고서를 준비하는 일의 경우, 경영자라면 보고서에 어떤 오류도 생기지 않도록 꼼꼼하게 확인해야 한다. 하지만 무조건 '확인'이나 '책임'이라는 명목으로 경영자가 모든 직원의 일거수일투족을 감시하는 것은 분명히 문제가 있다.

감독을 해야 할 때와 믿고 맡겨야 할 때를 구분하는 것은 최적주의 경영자의 능력이다. 정확한 공식은 없지만 대체로 통제는 가능하면 최소화하는 것이 바람직하다. 불완전한 업무 수행으로 인한 피해가 크지 않다면 통제를 최소화해서 직원들이 독립적으로 업무를 보고 이것저것 도전할 기회를 제공하는 것이 좋다. 그렇게 해서 성공하면 직원들의 사기가 올라가고 성장할 수 있다. 실패하더라도 조직에 큰 피해를 주지만 않는다면 그 경험에서 배우고 성장할 수 있다.

완벽주의 경영자는 절대 성공할 수 없다. 직원들과 조직도 마찬가지다. 유능한 직원들은 불필요한 간섭을 받고 있다고 느끼면 직장을 그만두어 버린다. 결국 최고의 직원들은 떠나고 남아 있는 직원들은 아무것도 배우지 못한다.

완벽을 추구하는 기계적인 방식에서 벗어나라

할리와 라이먼이 지적한 것처럼, 노심초사하는 완벽주의는 사람을 기진맥진하게 한다. 나는 오래전부터 열심히 일하는 것을 성공의 열쇠라고 생각했다. 내 머릿속에는 "노력을 대신할 수 있는 것은 없다"(토머스 에디슨)와 "열심히 일하는 자에게 행운이 찾아온다"(토머스 제퍼슨)는 격언이 새겨져 있었다. 스쿼시 선수였을 때는 경쟁자들이 등 뒤에서 나처럼 열심히 훈련하면 자신도 우승할 수 있다고 수군거리는 말을 들었다. 나는 그 말이 최고의 칭찬(보통은 칭찬으로 하는 말이 아니었지만)으로 들렸다.

내 안의 완벽주의자는 때로 노력의 힘을 지나치게 믿거나 또는 잘못된 방향으로 노력했다. 오랫동안 나는 한때 캘리포니아 주지사가 아직 터미네이터였을 때 했던 유명한 말처럼 '나는 기계다'라고 생각하며 하루하루를 버텼다. 스쿼시 애호가 한 명이 내게 "기름을 잘 친 기계 같다"고 하는 말을 듣고 우쭐하기도 했다. 나는 과학적이고 체계적으로 훈련했다. 경기장에서 감정을 내보이는 일은 결코 없었으며 아무리 피곤해도 상대 선수가 눈치 채지 못하게 했다. 그렇게 연습한 결과, 표면적으로는 좋은 결과를 거두었다. 하지만 그에 상응하는 큰 대가를 치러야 했다. 일관성과 인내는 성공에 필요한 요소이다. 하지만 감정이 없는 기계처럼 보이려고 감정과 욕구를 무시하면 결국 실패하고 불행해진다. 나는 끊임없이 부담감에 시달렸고 체력이 고갈되어 의욕이 떨어졌다. 결국 부상을 입고 선수 생활을 그만두어야 했다. 이 모든 것은 완벽을 추구하는 기계적인 접근방식이 초래한 결과였다.

1960년대 호주의 데릭 클레이턴은 세계적인 마라톤 선수 중에 하위권에 속하는 보잘것없는 선수였다. 약 188센티미터의 키에 상대적으로 폐활량이 적은 그의 조건은 장거리 선수로서 매우 불리했다. 그럼에도 그는 누구보다 열심히 노력하여 자신의 신체적 결함을 보완했다. 일주일에 250킬로미터씩 달리면서 녹초가 될 때까지 훈련하는 방식은 처음에는 효과가 있었다. 하지만 곧 현실의 벽에 부딪히면서 한계에 도달했다. 세계 신기록보다 5분 이상 늦은 2시간 17분의 기록으로는 당대 최고의 선수들과 경쟁할 수 없었다. 언제부턴가 그는 아무리 열심히 훈련을 해도 기록이 향상되지 않았다.

고된 훈련은 부상으로 이어졌다. 클레이턴은 1967년 일본 후쿠오카 마라톤 대회를 준비하다가 부상을 입고 회복하기까지 한 달 내내 쉬어야 했다. 그는 부상을 입어 추진력을 잃을 것에 몹시 실망했다. 하지만 다음 경기를 위해 준비 훈련을 하는 셈치고 일본 마라톤 대회에 출전하기로 했다. 그런데 그 자신도 그 누구도 예상하지 못한 결과가 나왔다. 한 달 동안 훈련을 하지 못한 클레이턴이 자신의 개인 기록을 8분이나 단축하면서 역사상 최초로 2시간 10분의 벽을 깨고 우승을 한 것이다.

1969년 그는 앤트워프 마라톤을 준비하다가 다시 부상을 당했다. 어쩔 수 없이 휴식을 취하고 난 후에 참여한 마라톤에서 클레이턴은 다시 그의 개인 기록이자 세계 신기록을 깨고 2시간 8분 33초 만에 결승선을 통과했다. 그 기록은 이후 12년 동안 깨지지 않았다.

휴식은
가장 좋은 투자다

클레이턴의 이야기와 유사한 많은 사례가 휴식의 중요성을 말해 주고 있다. 요즘은 집중 훈련만큼이나 휴식을 중요하게 생각하지 않는 코치나 선수를 찾아보기 어렵다. 하지만 안타깝게도 이런 생각이 직장에서는 통하지 않는다. 직원들은 매일 시간에 쫓기면서 일을 한다. 경영자들은 직원들이 기계처럼 일하고 주말이나 휴가 중에도 이메일이나 전화를 받아주기를 기대한다. 직원들도 그러한 경영자들의 기대에 자신도 모르는 사이에 동화된다. 그래서 주말에 사무실에 나가지 않는 것을 미안하게 여기고, 휴가를 가서도 계속 이메일을 주고받으면서 자신이 없어도 모든 일이 잘 움직이고 있는지 확인한다.

'기업 선수Corporate Athletes'에 관한 연구에서 짐 로허와 토니 슈워츠는 사무실이나 현장에서 능률을 올리기 위해서는 인간적 욕구, 특히 휴식에 대한 욕구를 고려해야 한다고 말한다.[9] 휴식을 취하지 못하면 직원들뿐 아니라 기업 전체가 값비싼 대가를 치르게 된다. 로허와 슈워츠가 말하듯이 기업의 간부들은 세계적인 운동선수들이 이미 알고 있는 사실, 즉 휴식을 취하는 것이 에너지를 사용하는 것만큼 중요하다는 것을 알아야 한다.

클레이턴은 열심히 노력할수록 더 잘할 수 있다고 믿었던 완벽주의자였다. 그러다가 부상을 입고 어쩔 수 없이 최적주의자처럼 행동하게 되었다. 그는 회복을 위해 마지못해 휴식을 취했다. 하지만 그 덕에 최고의 기량을 발휘할 수 있었다.

정신적인 부상은 감정의 신호로 나타난다. 무기력하거나 불안하거나 우울한 것은 휴식이 필요하다는 신호다. 이러한 감정의 신호는 신체적인 부상과 달리 눈에 보이지 않으므로 무시해 버리기 쉽다. 마음과 가슴은 휴식이 필요하다고 호소하고 있는데도 속도를 늦추지 않는다. 또는 약물로 그러한 감정의 신호를 제압한다. 오후 낮잠을 잘 수 없는 경우, 오후 3시에 약간의 카페인을 섭취해서 활력을 찾는 것은 괜찮다. 하지만 하루에 잠을 3~4시간밖에 자지 않으면서 정신을 차리기 위해 수시로 카페인에 의존한다면 신체적으로나 정신적으로 건강을 해칠 수밖에 없다. 또한 니코틴, 알코올 또는 안정제에 의지하기보다는 심호흡을 하거나 운동을 하면서 자연스럽게 휴식을 취하는 것이 효과적이다. 정신과치료는 경우에 따라 필요한데, 단지 과로가 원인일 때는 치료를 받지 않아도 된다.

세상은 물질적으로 풍요로워지고 있지만 우울증과 불안증은 20~30년 전보다 훨씬 많아졌다. 한 가지 원인은 정신건강 문제에 대한 관심이 높아졌기 때문이다. 많은 사람들이 몇십 년 전에는 모르고 지나쳤을 정서 장애로 진단을 받고 있다. 하지만 이것이 전부는 아니다. 세계적으로 자살률이 증가하는 것은 정신건강 문제에 직면한 사람들의 숫자가 증가하고 있다는 것을 분명하게 보여준다. 우리의 삶이 너무 바빠지고 휴식을 취할 시간이 부족하다는 것이 중요한 이유 중 하나다.

내가 어렸을 때 부모님은 주말뿐 아니라 때로 주중에도 친구들과 어울렸다. 그들은 모여서 음식을 먹고 대화를 나누며 많이 웃었다. 하지만 오늘날 나는 친구들과 훨씬 덜 자주 만나며, 그나마 친구들과 만나는 중에도 종종 업무에 관련된 통화를 하거나 이메일을 확인한다. 결국 휴식을 취할 때, 제대로 쉬지 못해 스트레스만 더욱 쌓인다.

우리에게는 즐거움과 재창조를 위한 기본적인 욕구가 있다. 그런데 우리는 종종 그러한 욕구를 무시하고 본능과 본성을 거스른다. 과학이 점점 더 훌륭하고 빠르고 믿음직하고 견고한 기계를 생산하는 것처럼 우리도 얼마든지 우리 자신을 밀어붙이고 능력을 연마할 수 있다고 스스로 설득한다. 인간의 본성에 대한 제한 없는 관점을 신봉하고 잠을 덜 자고 덜 쉬고 더 많은 일을 하면서 우리의 한계를 뛰어넘으려고 한다. 하지만 좋든 싫든 우리가 계속해서 순리를 거스르고 우리 자신을 학대하면 개인적으로나 사회적으로 그 대가를 치르게 된다.

우리를 좀 더 행복하게 해줄 수 있는 다른 활동을 제쳐놓고 일하는 것이 아니라면 열심히 노력하는 것은 좋은 일이다. 그러나 오늘날 기업뿐만 아니라 다른 많은 영역에서도, 열심히 일하는 것이 아니라 휴식이 부족한 데에 문제가 있다.

쉬는 것을
미안해하지 말라

로봇은 불안해하거나 우울해하거나 피곤해하거나 부상을 당하지 않는다. 이따금 조율을 하고 배터리나 부품을 갈아야 하지만, 그 외에는 별다른 보수 유지가 필요하지 않다. 만약 2시간마다 15분씩 작동을 멈추어야 하거나 하루에 8시간씩 전원을 꺼놓아야 한다거나 5~6일에 한 번씩 충전해야 하는 로봇이 있다고 생각해보자. 게다가 매년 2~4주씩 작동을 중단해야 한다면 아마 형편없는 기계라는 생각이 들 것이다. 그것이 바로 우리 인간이다.

로허와 슈워츠는 우리가 일하는 방식을 묘사하기 위해 사용하는 은유법을 바꿔야 한다고 말했다. 직원들을 쓰러질 때까지 멈추지 않고 뛰어야 하는 장거리 마라톤 주자가 아닌 집중적인 노력과 휴식을 번갈아 하는 단거리 주자로 묘사해야 한다. 그리고 이 새로운 은유법을 휴식에 적용해야 한다.

우선, 단기적인 휴식으로 14시간씩 쉬지 않고 일하는 대신 일과 휴식을 번갈아가면서 해야 한다. 90분 정도 집중해서 일하면 적어도 15분간 완전한 휴식을 취할 필요가 있다. 휴식 방법은 명상, 운동, 음악 감상, 가족이나 친구와의 만남, 조용한 식사, 동네 한바퀴 돌기, 동료와의 수다, 아니면 좋아하고 편안한 뭔가를 하는 것이 될 수 있다. 일하는 시간이 6시간이든 16시간이든 중간에 수시로 휴식을 취해야 한다.

사람들은 대부분 너무 피곤하지 않으면 한 번에 1~2시간 정도는 쉬지 않고 일에 집중할 수 있다. 하지만 그 후에는 노력하는 만큼 능률이 오르지 않는다. 그럴 때 짧은 휴식으로 에너지를 재충전하면 다시 집중해서 일할 수 있다. 그렇다고 해서, 90분 동안 일하고 15분 동안 쉬는 주기를 무한히 계속할 수는 없으며 얼마 후에는 좀 더 긴 중기적 휴식을 취해야 한다. 중기적인 휴식에는 적절한 수면이 포함된다. 대부분의 사람은 하루 7시간에서 8시간 정도 잠을 잔다. 만일 잠을 충분히 자지 않으면서 정신을 차리려고 화학물질 각성제에 의존한다면 창의성과 생산성이 감소할 뿐 아니라 우울증과 불안증이 증가한다. 일주일에 하루 정도는 반드시 쉬어야 한다. 하느님도 하루를 쉬지 않았는가! 실제로 일주일에 하루, 일에서 해방되면 나머지 요일에 좀 더 창의적이고 생산적으로 일할 수 있다. 장기적인 휴식은 1년에 적어도 한번, 일주일에서 한 달 정도 휴가를 떠나는 것이다. 대부분의 사람은 쉬는 것을 미안해한다. 하지만 휴식이야말로 가장 좋은 투자라는 것을 명심해야 한다. 우리는 쉴 때 최고의 아이디어를 내고, 가장 창의적인 발상을 한다. 휴식과 창의성은 밀접한 관계가 있다. 장기적인 휴가로 재충전하고 돌아오면 전반적으로 생산성이 향상된다. 또한 잠재력을 발휘하는 데 도움을 받을 뿐 아니라 몸과 마음의 건강도 유지할 수 있다. J .P . 모건은 이런 말을 했다. "나는 1년 치 일을 9개월 만에 끝낼 수 있지만 그 일을 12개월동안 한다."

그렇다고 해서 며칠씩, 몇 주씩 또는 몇 달씩 요구되는 일을 감당할 수 없다는 의미는 아니다. 예를 들어, 아이를 출산하면 휴식을 취할 시간이 없다. 하지만 우리 몸과 마음은 직장에서나 개인적인 삶에서 그런 일을 감당할 수 있도록 만들어져 있다. 단, 마라톤이 끝나면 휴식을 취할 수 있어야 한다.

휴식은 여러모로 내 삶의 경험을 변화시켰다. 요즘 나는 1시간 30분 동안 집중적으로 일하고 나면 적어도 15분은 휴식을 취하는 것으로 종일 쉬지 않고 일할 때와 다름없는 효과를 얻고 있다. 매주 하루는 온전하게 휴식을 취하면서 전반적으로 더 생산적이 되었다. 그리고 마지막으로 휴가를 즐겁고 훌륭한 투자라고 생각하게 되었다. 단거리 주자로 뛰면서 마라톤 주자로 뛸 때만큼 많은 일을 하고, 더 적은 시간에 더 활기차고 편안한 마음으로 일할 수 있다. 가족들과 친구들과 더 많은 시간을 즐겁게 보낸다. 이것은 마법이 아니라, 단지 나 자신의 인간적 욕구에 좀 더 충실한 결과다.

이제 나는 명상을 하러 갈 것이다. 당신도 잠시 휴식을 취하길 바란다.

스스로에게 배우기

지난 한 달 또는 지난 1년 동안 당신이 직장에서 가장 만족하고 생산적이고 창의적으로 일한 시기에 대해 생각해보자. 만일 일을 시작한 지 얼마되지 않았거나 직장에서의 경험이 생각나지 않는다면, 학교에서 좋은 성적을 받았던 시기에 대해 글로 써보자.

그때 당신은 어떻게 잘할 수 있었는가? 어떤 식으로 휴식을 취했는가? 누구와 함께 일했는가? 그 시기의 경험에서 무엇을 배울 수 있고, 그것을 당신이 지금 하고 있는 일에 어떻게 적용할 수 있을까?

사람들과 함께 일하기 위해, 또는 당신에게서 최선을 이끌어내기 위해서는 어떻게 해야 할지 적어보자. 규칙적인 운동, 친구들과의 만남, 가족과의 휴가를 위한 시간을 정해서 달력에 표시해보자.

직장이나 다른 곳에서 다른 사람들이 어떻게 하고 있는지 생각해보자. 당신이 하고 싶은 일이나 피하고 싶은 상황과 관련해서 그들에게서 무엇을 배울 수 있는지 생각해보자.

완벽한 사랑은
존재하지 않는다

진정한 사랑을 하는 과정은
전혀 순조롭지 않았다.
− 윌리엄 셰익스피어 −

이미 나에 대해 많은 이야기를 한 마당에 좀 더 개인적인 이야기를 하자면, 나는 첫 번째로 휘트니 휴스턴의 「그리고 나는 당신을 항상 사랑하겠습니다And I Will Always Love You」를, 그다음으로 셀린 디온의 「사랑에 대해 이야기합시다Let's Talk About Love」라는 노래를 좋아한다. 나의 영원한 애청곡 열 곡 중 여덟 곡은 사랑에 관한 노래다(베토벤의 교향곡 제9번, 리 안 워맥의 「당신이 춤추기를 바라요I Hope You Dance」등). 나는 사랑을 사랑한다. 숨을 쉬고 있는 한 언제까지나 셰익스피어의 애절한 사랑 이야기에 가슴 아파하고, 멕 라이언과 톰 행크스가 재회하는 장면을 보며 케임브리지에서 잠을 이루지 못할 것이다.

많은 사람들이 그렇듯이 나는 좋아하는 노래, 시, 영화, 책에서 로맨스에 대해 배웠다. '사랑이 답'이라는 사실을 알기 위해 인간관계를 공부할 필요는 없지만, '진정한 사랑은 무엇인가?' 라는 질문에 대한 답을 찾기 위해서는 시를 짓는 능력 외에도 필요한 것이 있다. 그것은 바로 이성이다.

어떤 시인, 작사가, 영화감독, 인간관계 조언자들은 본의 아니게 우리를 잘못된 길로 인도한다. 그들은 사랑을 달콤하고 유혹적이며 즐겁고 황홀한 것으로 묘사한다. 문제는 그러한 이미지가 현실과 달라서 해로울 수 있다는 것이다. 다음은 20세기의 어느 유명작가가 한 말이다.

완벽한 사랑은 매우 드물다. 연인이 되기 위해서는 끊임없이 현자의 불가사의, 어린아이의 유연성, 예술가의 감수성, 철학자의 이해력, 성자의 포용력, 학자의 참을성, 종교인의 흔들리지 않는 믿음이 있어야 하기 때문이다. [1]

이 아름다운 글은 사랑에 대해 쓴 글, 열정에 대해 사람들이 하는 말, 욕망에 대한 노래 가사의 내용을 요약정리해서 표현하고 있다. 매우 아름답지만 매우 해로운 글이다! 사실 완벽한 사랑은 드문 것이 아니라 아예 존재하지 않는다. 완벽한 사랑이 존재한다는 환상에 빠지면 세 가지 결과가 나타날 수 있다. 첫째, 어린아이의 유연성과 예술가의 감수성 등 모든 것을 가진 완벽한 사람을 기다리다가 영원히 사랑하는 사람을 만나지 못할 수 있다. 둘째, 성자나 철학자의 자질을 갖추지 못한 사람과 만나는 것을 부끄럽게 생각하고, 계속해서 의식적으로나 무의식적으로 완벽한 사람을 찾을 수 있다. 마지막으로 완벽한 연인을 찾았다고 생각했으나 조만간 그에게서 결점을 발견하여 크게 실망하고 좌절할 것이다.

물론 성스럽고 아름다운 사랑을 묘사하는 글과 시, 음악과 영화는 필요하기도 하고 적절할 때도 있다. 사람들은 분명히 「패밀리 가이」(애니메이션 시리즈)나 「못말리는 번디 가족」(80~90년대 가족시트콤)보다는 「오만과 편견」이나 「타이타닉」을 보고나서 더 애틋한 사랑을 나눌 것이다.

나는 지나치게 로맨틱하다거나 진정한 사랑을 올바로 표현하지 않았다는 이유로 내가 소장한 CD 중에 85퍼센트를 버릴 생각은 추호도 없다. 하지만 우리는 현실이 예술과 (항상) 같지는 않으며, 우리 집 침실은 완벽한 몸에 완벽한 의상을 입은 연인들이 출연하는 영화의 세트장과 아주 많이 다르다는 사실과 타협해야 한다. 영화를 우리의 침실로 바꾸면 잃어버리는 것도 있겠지만 훨씬 더 많은 것을 얻을 수 있다. 우리에게 필요한 것은 사랑이다. 그 사랑은 노래와 영화와 책과 시에서 노래하는 사랑보다 더 진실에 가깝다.

콩깍지가
벗겨지는 순간

어떤 사람을 오래 만나다 보면 그가 하느님이 창조한 완벽한 여자나 남자가 아니라는 사실을 깨닫는 날이 온다. 상대방도 조만간 같은 사실을 깨달을 것이다. 서로의 결점과 결함을 귀엽다거나 애교스럽다고 생각하다가 어느 날 눈에 쓰인 콩깍지가 벗겨지면, 때로는 뼈아픈 각성을 하게 된다. 예를 들어 언제나 멋져 보이던 상대방이 갑자기 화를 잘 낸다거나 정서가 불안정하고 불안하다거나 일관성이 부족하고 성실하지 못하다는 생각이 든다. 그리고 완벽한 사람은 없다는 사실을 알고 있었음에도 상대방이 그 규칙에서 예외가 아니라는 진실과 맞닥뜨리면 충격을 받고 두려움을 느끼기도 한다.

이러한 깨달음은 어느 날 아이들이 부모가 결점을 가진 인간이라는 사실을 알고 갑자기 외로움과 불안감을 느끼는 것과 비슷하다. '완벽한 부모'의 자리에 대신 '완벽한 연인'이 놓였을 뿐이다. 하지만 완벽한 연인이 추락하는 것-그의 결함이 드러나는 것-은 우리의 부모가 인간이라는 사실을 깨닫는 것보다 더 충격으로 다가온다. 상대방에 대해 잘못 알고 있었다는 사실이 우리 자신의 판단력에 대한 믿음을 흔든다. 우리는 어릴 때 부모에게 느꼈던 것과는 달리 이번에는 어린아이의 순진함을 핑계 댈 수도 없다. 환상이 깨지는 것과 동시에 마음도 무너져 내린다.

어느 한쪽이나 양쪽 모두가 완벽한 사랑에 대한 환상에서 깨어나면 자신의 판단과 상대방의 판단, 그리고 관계의 미래에 대한 확신에 위기가 찾아온다. 그리고 그러한 위기 때문에 이별하거나 진정한 사랑을 시작하지 못한다. 그 후에는 어떤 식으로든 관계가 변화하여 다시 예전과 같은 관계를 유지할 수 없다.

관계를 유지하는 것이 최선이 아닐 수도 있고, 화해할 수 없을 수도 있지만 어쨌든 대부분의 관계가 붕괴되거나 악화되는 것은 피할 수 없다. 관계를 발전시키기 위해서는 상대방과의 관계에 결함이 있다는 사실을 받아들여야 한다. 여기서 결함을 받아들이는 것은 체념하는 것과는 다르다. 양쪽 모두 자신의 결함을 고치려는 의지가 있어야만 관계를 이어갈 수 있다. 건강한 접근 방법은 결함을 개선하는 노력을 시작하기 전에 먼저 그러한 결함이 존재한다는 것을 능동적으로 인정하는 것이다.

완벽주의자는 상대방에게 결함이 있다는 사실을 알았을 때, 극단적이고 비현실적인 관점(나의 연인은 완벽하다)에서부터 또 다른 극단적이고 비현실적인 관점(나의 연인은 구제불능이다)으로 옮겨갈 수 있다. 예를 들어, 완벽주의자는 연인이 질투가 많다는 사실을 알게 되면 돌변하여 그의 사랑과 애정을 부담스러워하고 답답해한다. 그에 반해, 최적주의자는 누구나 인간적 결함이 있고 모든 관계에는 미묘하고 복잡한 문제가 생길 수 있다는 사실을 받아들인다.

상대방에게 갖는 기대감과 사랑의 약속은 연인 관계를 발전시키는 중요한 역할을 한다. 하지만 그러한 기대감은 현실적이어야 한다. 그렇지 않으면 실망과 좌절로 이어질 수 있다. 연인에게서 완벽한 사람으로 존경을 받는 것은 기분 좋지만 부담스러운 일이다. 그러한 꼬리표를 뗄 때 비로소 자유로워진다. 물론, 그러한 해방감은 환상에서 벗어나 사랑으로 상대방을 받아들일 때만 가능하다. 금방 되는 일은 아니지만 관계가 발전하기 위해서는 현실을 받아들여야 한다. 그렇다고 해서 사랑이 시들해지거나 위태로워지는 것은 아니다. '현실적인 사랑'은 개인과 관계를 위해 최적의 성공과 행복을 달성하는 전제조건이다.

완벽주의는 관계를 시작하기 전부터 문제가 될 수 있다. 완벽주의자의 실패에 대한 두려움은 연인 사이에서는 거부에 대한 두려움으로 나타난다. 그래서 완벽주의자는 서로 호감을 느끼고 있다는 확신이 들지 않는 한 감히 접근하지 못한다. 완벽주의자는 거부당하는 것을 걱정할 뿐 아니라 또한 상대방에게 비현실적인 기대를 한다. 전부 아니면 전무라는 사고방식이 모든 결함을 극복할 수 없는 문제로 확대해 보기 때문에 관계를 시작조차 하지 못한다. 일단 관계를 시작한다고 해도 모든 사소한 충돌, 의견 대립, 갈등이 일어날 때마다 파경으로 갈 수 있는 위협적인 상황으로 인식한다.

그들은 오래오래
행복하게 다투었다

대부분의 낭만적인 로맨스 영화에서 주인공들은 싸우고 말다툼을 한다. 하지만 90분 정도 지나면 모든 오해를 풀고 정열적인 키스를 나눈다. 그 후 그들은 오래오래 행복하게 산다(우리는 그렇게 믿는다). 스미스 부부가 그랬고, 캐서린 헵번과 스펜서 트레이시가 그랬다. 월-E와

이브도 그런 것이 사랑이라고 말했다.

하지만 현실에서는 정반대로 진행된다. 관계의 시작 단계-구애, 결혼, 신혼 초기-에서는 비교적 충돌이 적다. 하지만 두 사람이 가까이 지내면서 충돌이 일어나기 시작한다. 완벽주의자는 충돌이 일어나는 이유가 관계 자체에 문제가 있기 때문이라고 생각한다. 또한 충돌하지 않고 완벽한 조화를 추구해야 하는 이상적인 관계로 여긴다. 따라서 영화에서 보는 것처럼 순조로운 항해를 하기 위해 시작 단계에서 모든 잠재적 불화의 원인을 말끔히 제거하려고 한다.

하지만 모든 관계에서 충돌은 피할 수 없을 뿐 아니라 오히려 관계를 강화시키는 역할을 한다. 매일 겪는 충돌을 예방주사라고 생각하자. 예방 접종의 원리는 약화된 병원균을 우리 몸 안에 주사해서 나중에 더 강력한 공격에 맞서 싸울 수 있는 항체가 생기도록 하는 것이다. 마찬가지로 사소한 충돌은 관계에 면역성을 생기게 해서 나중에 일어나는 큰 충돌에 대처할 힘을 길러준다.

충돌 없는 관계와 과잉보호를 받는 아기는 유사점이 있다. 갓 태어난 아기를 1년 동안 무균실에서 자라게 하면 '지저분한' 현실의 환경에서 지낸 아이보다 면역력이 떨어져서 병에 더 잘 걸린다. 흙과 미생물과 더불어 생활하는 농촌 아이들은 도시 아이들보다 강한 면역 체계를 갖추게 되므로 나중에 알레르기와 천식에 걸릴 확률이 낮다. 실패와 충돌, 시련은 몸과 마음의 탄력성을 기르는 데 중요하다.

또한 충돌은 실제로 관계를 오래 유지하는 데 중요한 역할을 한다.

심리학자 존 고트맨은 성공하는 관계와 실패하는 관계에 대해 연구한 결과, 오랫동안 좋은 관계를 유지하는 커플들은 긍정적인 사건과 부정적인 사건을 5 대 1의 비율로 경험한다는 사실을 밝혀냈다.[2] 분노나 비판, 적개심을 한 번 표현할 때마다 다섯 번은 친절을 베풀거나 상대방의 감정에 공감하거나 사랑을 나누거나 관심과 애정을 표현한다는 것이다.

고트맨이 연인 관계에서 아리스토텔레스의 중용이 5 대 1의 비율이라는 것을 발견했다면, 우리는 그 비율이 평균적인 숫자라는 사실을 기억해야 한다. 그 비율이 3 대 1 이거나 10 대 1이거나 관계없이 성공적인 관계들이 있다. 고트맨의 연구에서 얻을 수 있는 메시지는 첫째, 어느 정도의 부정성은 불가피하며 둘째, 부정성보다 긍정성이 반드시 더 많아야 한다는 것이다. 어떤 관계에서 충돌이 거의 없다는 것은 두 사람이 중요한 문제와 차이점에 대해 이야기하지 않는다는 것일 수 있다. 두 사람이 도전하고 배우기보다는 대립을 피하기 때문일 수 있다. 동시에, 불만과 분노보다 친절과 애정을 훨씬 더 많이 표현하지 않는 관계는 건강하지 않다.

고트맨이 강조하는 또 다른 측면은 모든 충돌이 다 같지 않다는 것이다. 어떤 커플은 충돌이 일어나도 언성을 높이지 않고 조용하지만 어떤 커플은 시끌벅적하다. 전자는 화가 났을 때나 실망했을 때 표정으로 표현하는 반면, 후자는 과격한 몸짓을 하고 접시를 던지며 불쾌감을 표시하는 것이다. 어떤 식으로 표현하든지 상대방을 비판할 때 행동을 인격과 분리한다면 관계를 오래 유지할 수 있다. 이것은 교실이나 회의실뿐 아니라 거실이나 침실에서도 필요하다.

조건 없는 수용이 그 중심에 있다면, 연인들이 상대방의 말과 행동에 도전하는 것은 건강한 관계를 유지하기 위해 필요하다. 고트맨은 상대방에게 욕을 하거나 모욕을 주거나 비웃는 식의 인신공격이 관계를 가장 위태롭게 한다는 것을 발견했다. 예를 들어, 상대방이 쓰레기를 치우기로 한 약속을 어겼을 때 부엌에서 나는 냄새가 얼마나 불쾌한지 이야기하는 것은 행동에 초점을 맞추는 것이고, 상대방을 게으름뱅이라고 비난하는 것은 인신공격이다.

요즘 많은 커플들이 방송에 출연해서 공개적으로 다툼을 벌이고 있다. 관음증을 충족시켜주는 텔레비전 리얼리티 쇼에 출연해서 아무렇지도 않게 더러운 빨래를 공개하고 부부싸움을 한다. 그들은 서로에게 창피를 줄 뿐 아니라 시청자들까지 당황하게 한다. 본질적으로 관계에 필요한 것은 '기본적인 존중'과 '예절'이다.

고트맨은 커플들에게 "상대방을 더욱 존중하고 수용해야 할 뿐 아니라 관계의 긍정적인 측면을 강조하라"고 조언한다. 긍정적인 측면을 강조하는 것은 커다란 변화가 필요한 것이 아니다. 건축가 루드비히 미스 반데어로에가 "신은 작은 것들 안에 있다"고 말했듯이, '관계'에 관해 연구하는 사람들은 사랑이 작은 행동에 있다고 말한다. 지속적인 사랑은 호화로운 유람선 여행이나 9캐럿짜리 다이아몬드가 아니라 매일 일상적으로 하는 애정 표현에 의해 유지된다.

애커먼 연구소의 피터 프랭켈은 "60초의 기쁨을 주라"고 제안한다. 관계 유지를 위해서는 특별한 이벤트나 선물보다 매일 상대방에게 세 번의 기쁨을 주는 것이 더 효과적이다. 열정적인 키스, 재미있거나 사려 깊은 이메일, 사랑한다는 내용의 간단한 문자 메시지는 관계를 유지하고 깊이 맺는 데 큰 도움이 될 것이다. 진심에서 우러나온 칭찬 역시 중요하다. 마크 트웨인은 언젠가 진실한 칭찬 한마디만 들으면 두 달 동안 버틸 수 있다고 우스갯소리로 말했다. 관계의 가치를 긍정적으로 평가하지 못한다면 그 가치는 줄어들고 만다.

칭찬과 다른 형태로 긍정적인 측면을 강조하는 것은 그 자체로 기분이 좋아질 뿐 아니라 또한 장기적으로 좋은 투자가 된다. 형편이 좋을 때 차곡차곡 저금을 해두면 어려울 때 요긴하게 쓸 수 있는 것처럼, 우리가 수시로 하는 긍정적인 행동들이 쌓이면 선의가 생산되고 시련을 극복하는 힘이 된다.

부부 사이를
가깝게 하는 최고의 기회

성심리치료사인 데이비드 슈나크는 "모든 부부는 언젠가 갈등에 갇혀서 출구를 찾지 못하는 권태기를 경험하게 된다"고 말했다.[3] 쉽게 잊히거나 해결되는 일상적인 충돌이 아니라 영원히 해결되지 않을 것 같은 격하고 반복적인 충돌이 일어나는 것이다. 이러한 충돌은 보통 자녀, 친척, 돈, 섹스와 관련된 문제를 둘러싸고 일어난다. 자녀 교육은 어떻게 해야 하는가? 성관계는 얼마나 자주 해야 하는가? 무엇이 각자를 흥분하게 하는가? 권태기는 종종 어느 한쪽이나 양쪽 모두의 자존심을 건드린다. 우리 자신의 믿음을 지키는 것과 상대방과 타협하는 것 중 하나를 선택해야 하기 때문이다.

권태기를 극복하지 못해서 관계가 끝나는 경우도 드물지 않다. 어떤 이유로 이혼하지 않고 법적인 관계를 유지하더라도 정신적, 신체적, 정서적으로 남남이 된다. 하지만 슈나크는 권태기가 개인적으로나 부부로서 함께 성숙할 수 있는 중요한 시점이라고 지적한다. "결혼을 유지하는 것은 생각보다 훨씬 힘든 일이다. 그래서 사실은 화해의 말을 건네야 할 때 헤어질 때가 되었다고 잘못 판단한다." 권태기를 성공적으로 극복하고나면 부부 사이는 더욱 진실해지고 가까워진다.

친밀하고 깊은 관계를 발전시키기 위해서는 두 사람이 상대방에 대해 알고 자신을 상대방에게 알려야 한다. 슈나크는 이것을 "친밀한 관계를 위한 동륜動輪이며 숫돌"이라고 표현했다. 사소한 의견 대립이나 심각한 권태기를 겪고 있더라도, 충돌이 불가피할 뿐 아니라 유익하다는 사실을 알면 충돌을 만날 때 위기감을 덜 느끼게 되고 자유로워진다. 길에서 벗어나는 것은 어느 한쪽이나 관계에 심각한 결함이 있다는 신호라기보다는 두 사람이 상대방을 수용하고 좀 더 친밀하고 열정적인 관계를 만들어가는 과정의 일부일 뿐이다.

섹스,
몸과 마음이 하나가 되는 것

결혼 상담과 성치료 분야에서 혁명적 연구를 해온 슈나크는 시간이 갈수록 섹스를 잘할 수 있다고 말한다. 슈나크의 표현을 '빌리면, 피하지방과 성적 잠재력은 밀접한 관계가 있다. 성적인 잠재력은 50~60세에 정점에 이르며 수십 년간 함께 살아온 배우자와의 섹스가 새로운 사람과의 섹스보다 훨씬 더 좋을 수 있다. 이것은 전통적인 통념과는 정면으로 대치되는 주장이다. 일반적으로 64세보다는 24세에, 30년간 함께 살아온 배우자보다 처음 보는 섹시한 이성을 만날 때 좀 더 성적으로 흥분하기 때문이다. 하지만 슈나크의 말처럼 최고의 섹스는 즉흥적인 생물적, 생리적 반응의 산물이 아니라 우리의 몸과 마음이 하나가 되는 것이다.

슈나크는 '신체적인 재생산 능력인 생식능력의 성숙'과 '성욕과 감정을 연결하는 능력의 성적인 성숙'을 비교한다. 성적인 성숙은 나이가 들수록 좋아진다. "섹스를 하면서 친밀감을 원한다면 16세는 건강한 60세를 따라갈 수 없다. 사람은 나이가 들면서 섹스와 친밀감이 훨씬 더 좋아질 수 있다."

앞에서 설명한 캐롤 드웩의 고정형 사고방식과 성장형 사고방식으로 설명한다면, 슈나크의 관점은 성장형 사고방식이다. 섹스는 상대방과 자신을 친밀하게 느낄수록—상대방에게 마음을 열고 수용적일수록—시간이 지나면서 향상될 수 있다고 생각하는 것이다. 반면 고정형 사고방식은 성적 능력과 성 기능—침대에서 잘하는지 못하는지 또는 두 사람의 궁합이 잘 맞는지 아닌지—은 변할 수 없다고 생각한다.

나이를 먹으면 신체 기능이 저하되기 때문에—50세의 몸은 그 절반의 나이 때 할 수 있는 모든 것을 할 수 없으므로—순전히 신체적 행위로서의 섹스와 몸과 마음을 이루르는 섹스의 차이를 알지 못하는 사람은 하락형 사고방식을 가질 수 있다. 성장형 사고방식이 섹스가 시간이 지나면서 좋아진다고 생각하고, 고정형 사고방식이 섹스가 변하지 않는다고 생각한다면, 하락형 사고방식은 섹스가 시간이 지나면서 점점 나빠질 것으로 생각한다. 하락형 사고방식은 실제로 점차 섹스에서 즐거움을 느끼지 못하며 성 기능을 저하시키는 자기 충족적 예언을 한다.

세월이 가면서 사랑이 더욱 깊어질 수 있고 그와 함께 섹스 또한 좋아질 수 있다는 것을 이해하면 하락형이나 고정형 사고 방식에서 성장형 사고방식으로, 완벽주의에서 최적주의로 갈 수 있다. 성기능 저하, 격한 말다툼, 차가운 시선 교환 등 직선 도로에서 벗어나는 것은 비극적인 종말을 예고하는 표시가 아니다. 좀 더 성숙하고 친밀한 관계를 향해 가는 자연스러운 과정이다. 고정형 사고방식은 전부 이니면 전무라고 생각하기 때문에 모든 결함을 재앙으로 인식한다. 그에 비해 성장형 사고방식은 자신과 상대방, 그리고 관계의 결함을 허용한다.

때로는 둘도 없는 친구처럼,
때로는 적처럼

앞 장에서 이야기했듯이 완벽주의자의 가장 큰 특징은 방어적인 태도에 있다. 당연한 이야기지만 상대방이 비판할 때 맞서 공격을 한다면 서로 가까워지기 어렵다. 비판을 받아들이지 않는 완벽주의자는 자신에 대해 알고 성장할 기회를 잃게 된다.

킹 제임스 구약성경을 보면 하느님은 최초의 인간을 창조하고 나서 말한다. "사람이 혼자 있는 것은 좋지 않다. 배필help meet을 만들어주어야겠다." 이 문맥에서 배필이란 운동 경기에서 '경쟁' 또는 '만남'을 의미한다. 배필의 히브리어 'ezer kenegdo'는 문자 그대로 해석하면 '도움을 주는 상대'이다.

도움을 주는 상대라는 관용구는 성경 번역자들과 주석자들을 고민에 빠트렸다. 자비로운 하느님이 어째서 남성에게 대적하는 여성을 창조하셨을까? 이러한 모순을 해결하기 위해 이후에는 '옆에서 돕는 자'로 번역했다. 일부 주석자들은 만일 남자가 정의로우면 아내가 조력자가 되고 남자가 죄를 지으면 아내가 적이 된다는 의미라고 설명한다. 하지만 나는 그 관용구를 있는 그대로 이해해야 한다고 생각한다. 도움은 사실 반대편으로부터 받을 수 있다. '도움을 주는 상대'의 관계에서는 남자와 여자가 서로에게 도전해서 각자가 더 높은 곳에 도달하도록 도와준다.

19세기 영국의 철학자 존 스튜어트 밀은 혁명적인 저서 『여성의 종속』에서 여성해방을 촉구했다. 그는 "남녀 사이의 사회적 관계를 규정하는 기존의 구조, 즉 법적으로 여자가 남자에게 종속된 구조는 그 자체가 잘못된 것이다. 그것이 인류 발전을 가로막는 가장 큰 장애가 되고 있다"고 주장했다.[4] 남자와 여자는 평등한 관계에서 상대방을 진정으로 존경하며 서로 기쁜 마음으로 밀어주고 이끌어가면서 발전할 수 있다. 건강한 관계에서 남자와 여자는 서로 앞서거니 뒤서거니 하며 상대방을 이끌고 간다.

남녀 관계뿐 아니라 다른 가까운 사이에서도 마찬가지다. 랠프 월도 에머슨은 「우정」이라는 산문에서 자신에게 반대하는 친구가 진정한 친구라고 말했다. 에머슨은 친구에게서 "적당한 양보나 사소한 편안함"을 구하지 않았다. 다시 말해, 무조건 자신에게 동의하는 친구보다는 "호락호락하지 않은, 마음으로부터 존경할 수 있는 아름다운 적"을 원했다.[5] 철학자 에드먼드 버크 역시 관계에 대한 에머슨의 생각에 동조했다. "우리와 맞붙어 싸우는 자는 우리를 더 용감하게 만들고 능력을 연마하게 한다. 적은 우리에게 도움이 된다."[6]

내가 하는 말과 행동에 저항하거나 도전하지 않고 무조건 지지하는 사람은 내가 발전하고 성장하는 데 도움이 되지 않는다. 또한 내가 하는 행동과 말을 무조건 가차 없이 비난하는 사람은 적대적이고 가혹하다. '진정한 친구'는 나에게 잘해주는 동시에 '적'처럼 행동한다. 아름다운 적은 나의 행동과 말에 도전하는 동시에 나를 있는 그대로 받아준다. 그가 내 생각과 행동에 대해 이의를 제기하는 이유는 나를 존경하고 사랑하기 때문이다. 내 말과 행동에 반대해도 나를 사랑하는 그의 마음에는 변함이 없다.

아내 타미와 나는 공평하게 서로 반대 의견을 말하면서 논쟁을 해왔다. 아마 앞으로도 그럴 것이다. 우리는 크고 작은 일로 부딪쳤고 권태기를 경험했다. 그렇게 서로 충돌하고 화해하면서 우리 관계는 더욱 견고해졌다. 그리고 개인적으로, 부부로서 성숙해졌다. 어떻게? 상처, 좌절, 분노, 두려움 밑에는 언제나 학습하고 성장하며 관계를 개선하려는 강한 의지가 있기 때문이다.

우리 부부는 충돌을 싫어한다. 하지만 충돌하게 되면 피하지 않는다. 그리고 불길하게 고요한 폭풍의 눈(깨닫고 인지하는 지점)에 도달하면 우리는 함께 끌어안고 서로 밀어주고 끌어주며 좀 더 안전한 해변을 향해 나아간다. 충돌이 반드시 최선은 아니지만 우리는 충돌을 최대한 유익한 방향으로 해결하는 법을 배우고 있다.

관계에서 배우기

다음 문장들을 최대한 빨리 완성하자. 이것저것 따지지 말고 생각나는 대로 쓴다. 다 썼으면 처음부터 읽어보면서 당신 자신과 관계에 대해 무엇을 배울 수 있는지 생각해보자. (　　) 안에는 당신이 생각하는 그 사람의 이름을 쓰고, 나머지는 일반적인 대인관계에 대해 쓴다.

( )와의 관계를 5퍼센트 더 개선하기 위해서는…
만일 내가 마음을 5퍼센트 더 연다면…
좀 더 친밀한 관계로 발전시키려면…
내가 ( )를 5퍼센트만 더 인정해준다면…
나 자신과의 관계를 개선하기 위해서는…
내가 더 많이 사랑하면서 살기 위해서는…
내가 이제 깨닫기 시작한 것은…

PART 3

완벽을 넘어
최적으로

첫 번째 성찰.
변화의 첫걸음

변화의 의지가 있는지 없는지가 중요한 것이 아니다.
변화할 준비가 되었는지가 중요하다.
– 제임스 고든 –

엘렌 랭거가 제자 로랄린 톰슨과 함께 진행한 실험 결과를 보면 완벽주의에서 최적주의로 가는 변화가 왜 그렇게 어려운지 짐작할 수 있다.[1] 그들은 실험 참가자들에게 경직성, 잘 속아 넘어감, 완고함과 같은 바람직하지 않은 성향을 열거한 목록을 주고 그중에 어떤 성향을 바꾸려고 노력한 적이 있는지, 그런 노력이 성공했는지를 질문했다. 그 다음에는 일관성, 신뢰성, 진지함과 같은 성향을 열거한 목록을 주고 각각의 성향에 대해 평가하도록 했다. 참가자들은 두 번째 목록에 있는 성향들이 첫 번째 목록에 있는 성향의 긍정적인 측면이라는 사실은 모르고 있었다. 예를 들어, 일관성은 경직성의 긍정적인 측면, 신뢰성은 완고함의 긍정적인 측면이라고 생각할 수 있다.

랭거는 어떤 긍정적인 성향을 높게 평가하는 사람들은 그 이면에 있는 부정적인 측면을 바꾸는 것을 어려워한다는 점을 발견했다. 예를 들어, 일관성을 높이 평가한 사람들은 경직성에서 벗어나는 것을 힘들어했다. 그 이유는 마음 한구석에 경직성을 버리면 일관성까지 줄어들 거라는 생각이 있기 때문이다.

같은 맥락에서, 과도한 죄의식에서 벗어나지 못하는 사람은 감수성을 잃고 싶지 않기 때문이다. 또 지나치게 걱정이 많은 사람은 걱정하지 않으면 책임감을 버리는 것처럼 느끼기 때문이다. 부정적인 면에 초점을 맞추는 사람들은 긍정적으로 생각하는 것을 현실에서 멀어지는 것이라고 믿는다. 랭거는 말한다. "우리가 어떤 행동을 바꾸지 못하는 이유는 실제로 그러한 행동을 또 다른 이름으로 높이 평가하고 있기 때문이다."

취업 면접에서 개인적인 약점을 물으면 많은 사람들이 완벽주의라고 대답한다. 그들은 보통 일을 확실하고 꼼꼼하게 하는 것과 완벽주의를 동일시한다. 그들이 완벽주의를 고백하는 이유는 "나는 꼼꼼하고 철저하며 열심히 노력하는 사람입니다. 그러니 나를 믿어도 돼요"라고 넌지시 장점을 돌려서 말하는 것이다. 나는 왜 완벽주의 때문에 불행하다는 것을 알면서도 바꾸기 힘들었을까? 그것은 내가 완벽주의를 문제시하면서도 또한 그것을 신중하고 철저한 성격과 연결하고 있었기 때문이다. 나는 어떤 대가를 치르더라도 일을 대충대충 하는 게으른 인간이 되고 싶지 않았다.

변화하기 위해서는 우선 무엇을 버리고 싶은지 무엇을 지키고 싶은지를 정확하게 알아야 한다. 연구원 다이애나 니어는 어떤 특성을 취해서 그것을 다시 "두 가지 이상의 분명하게 구분이 되는 하위 측면들로 해체하고 분리하는 과정이 필요하다"고 말한다.[2] 완벽주의 안에는 여러 가지 특성들이 섞여 있는 데, 변화하기 위해서는 그러한 특성들을 따로 분리해서 어떤 것을 지키고 어떤 것을 버릴지 결정해야 한다.

그러한 해체 과정을 완벽주의 특성에 적용한다면 우선 니어가 제안하는 질문을 하는 것으로 시작할 수 있다. 나에게 완벽주의는 어떤 것인가? 나는 완벽주의에서 무엇을 얻는가? 나는 완벽주의의 어떤 면에 대해 자부심을 느끼는가? 완벽주의자로 살면서 어떤 대가를 치르고 있는가? 나의 완벽주의 때문에 다른 사람들은 어떤 대가를 치르고 있는가? 완벽주의의 어떤 면을 유지하고 싶은가? 어떤 면을 버리고 싶은가?

나 자신의 경우에는 실패에 대한 두려움과 고통스러운 감정에 대한 거부(심리학자들이 부정적이고 융통성이 없는 완벽주의와 연결하는)를 버리고 싶은 한편, 추진력과 야망(내가 최적주의와 연결하는)은 지키고 싶다. 일단 바꾸고 싶은 특성과 바꾸고 싶지 않은 특성을 확인하면 갈등이 줄어든다. 따라서 변화할 준비가 된다. 그러한 특성들을 분리해보면 정확하게 어떤 면을 변화시키고 싶은지 판단할 수 있다. 랭거의 연구가 말하고자 하는 요점은 완벽주의, 경직성, 불만 등의 특성이나 행동에 대해 전부 아니면 전무라는 완벽주의 사고방식이 아닌 좀 더 유연하고 현실적인 사고방식을 가지라는 것이다.

HAPPY TRAINING

완벽주의 해체하기

당신이 바꾸고 싶지만 지금까지 바꾸지 못하고 있는 특성이나 행동을 열거해본다. 예를 들어, 지나치게 걱정이 많은 성격이나 완벽주의, 또는 너무 분주하게 사는 생활방식을 변화시키고 싶을 수 있다. 각각의 특성이나 행동에 대해 그 이면에 있는 긍정적인 측면을 적어보자. 예를 들어, 지나치게 걱정이 많은 성격의 이면에 있는 긍정적인 측면은 "다른 사람들에게 애정과 책임감을 갖는 것"이 될 수 있다. "지나치게 분주한 생활"과 관련해서는 "추진력이 있다거나 일을 열심히 하는 것"을 긍정적인 측면으로 생각할 수 있다. 당신이 갖고 있는 특성 중에 바꾸고 싶은 측면과 유지하고 싶은 측면에 대해 자세히 적어보자.

두 번째 성찰.
왜곡된 생각을 제거하라

아기 오리가 엄마를 따라다니듯 우리의 감정은 생각을 따라간다.
하지만 아기 오리가 엄마를 따라간다고 해서
엄마 오리가 어디로 가야할지 알고 있다는 것은 아니다.
— 데이비드 번스 —

1960년대에 시작된 인지 혁명은 20세기를 주도하고 있던 정신분석학과 행동주의 심리학의 두 학파에 도전해서 심리학계를 뒤흔들어놓았다. 정신분석학은 주로 무의식적인 욕망과 방어에 초점을 맞추어 내담자들을 이해하고 그들의 삶의 질을 향상 시키고자 했다. 한편, 행동주의 심리학은 보상과 처벌과 같은 외부적 요인에 초점을 맞추어 행동과 경험을 설명하고 개선하고자 했다. 인지심리학자들은 한편으로 잠재의식과 조건화의 역할을 인정하면서 생각이나 아이디어, 판단 같은 의식에 초점을 맞추었다. 그들은 선택과 주체와 같은 개념들을 심리학 용어로 도입함으로써 정신분석학이나 행동주의 심리학과 거리를 두었다.

정신분석과 행동치료의 긍정적인 효과를 보여주는 증거는 많이 있다. 그러나 40년 이상의 연구들로 미루어 보면 인지치료가 이전의 두 가지 치료법보다 좀 더 효과적이라는 것을 알 수 있다. 인지치료는 상대적으로 간단하며, 자격을 갖춘 치료사의 도움을 받는 것이 이상적이지만 기본적인 원리를 알면 직접적인 전문가의 지도 없이도 할 수 있다.

　인지치료의 기본적인 전제는 우리가 어떤 사건에 직접적으로 반응하는 것이 아니라 사건에 대한 자의적인 해석에 의해 반응한다는 것이다. 따라서 같은 사건일지라도 사람에 따라 전혀 다르게 반응할 수 있다. 어떤 사건이 일어나면 그 사건에 대해 생각하게 되고, 그 생각은 감정을 불러일으킨다. 예를 들어, 나는 아기를 보고(사건) 그 아기가 내 딸이라는 것을 인지하고(생각) 사랑을 느낀다(감정). 또는 강의를 기다리고 있는 청중을 보고(사건) 그것이 위협적이라고 해석하고(생각) 불안을 느낀다(감정).

사건 → 생각 → 감정

　인지치료 연구는 우리가 경험하는 감정의 고통을 상당 부분 피할 수 있다고 말한다. 그러한 감정은 왜곡된 생각과 비합리적인 사고에 의해 일어나기 때문이다. 만일 당신이 누군가에게 데이트를 청했다가 거절을 당했을 때(사건) 모든 사람이 당신을 좋아하지 않을 것이라는 결론을 내리고(생각) 몇 달 동안 비참한 기분에서 벗어나지 못한다면(감정) 당신의 생각은 비합리적이고 감정의 반응은 지나치다. 하지만 당신이 데이트를 청한 사람이 당신을 좋아하지 않는다는 결론을 내리고(생각) 슬픈 감정을 느낀다면(감정) 당신의 생각은 합리적이며 감정의 반응은 적절하다.

인지치료의 목표는 왜곡된 사고를 제거함으로써 현실감각을 회복하는 것이다. 어떤 생각이 비합리적(인지의 왜곡)인지 판단하고 그러한 생각을 바꾸면 감정도 바뀌게 된다. 예를 들어, 만일 면접을 보기 전에 불안감에 사로잡힌다면 어떤 생각이 불안감을 유발하는지를(만일 면접에 떨어진다면 모든 것이 끝나는 것이다. 영원히 직장을 얻지 못할 것이다) 알아내서 합리적인 생각(이 직장에 취업이 되길 원하지만 다른 좋은 일자리도 많이 있다)으로 왜곡된 생각에 반론을 제기하고 상황을 재해석할 수 있다. 왜곡된 생각이 실패에 대한 건강하지 못한 두려움을 유발한다면, 합리적인 생각은 상황을 재구성해서 객관적으로 볼 수 있게 한다.

왜곡된 감정을
극복하는 법

실패에 대한 두려움을 느끼거나 실수를 저지르고 괴로워하는 등 실패와 관련해서 느끼는 혼란스러운 감정을 극복하기 위해 내가 요긴하게 사용하는 방법이 있다. 나 자신에게 인간적인 감정을 허용하고 Permission, 상황을 재구성하고Reconstruction, 거리를 두고 바라보는Perspective, 즉 PRP의 3단계를 통과하는 것이다.

감정 허용하기

어떤 생각이 합리적이건 아니건, 또는 현실에 대한 평가가 옳건 그르건, 그로 인해 우리가 느끼는 감정은 현실적이다. 어떤 감정을 극복하기 위해서는 첫째, 우리가 중력의 법칙을 받아들이듯이 그 감정을 현실의 일부로 받아들여야 한다. 또한 그 감정을 유발한 사건을 그대로 받아들여야 한다. 우리가 느끼는 것을 느끼지 않는 척하거나 일어난 일을 일어나지 않은 것처럼 가장하고 현실을 부정한다면 점점 더 힘들어질 뿐이다. 감정을 허용하는 좋은 방법은 느끼는 것을 그대로 글로 써보는 것이다. 또한 조용히 앉아서 그 감정을 경험하거나 그로 인해 일어나는 신체적 증상을 관찰하면서 받아들이는 것이다.

재구성하기

일단 상황과 감정의 현실을 받아들이면 인지 재구성을 시작할 준비가 된다. 어떤 사건에 대한 부정적이고 바람직하지 않은 해석을 긍정적이고 바람직한 해석으로 바꾸는 것이다.

심리학자 조 토마카와 그의 연구진은 같은 사건이라도 우리가 그 사건을 위협으로 인식하는지 도전으로 인식하는지에 따라 생리적인 반응이 다르게 일어날 수 있다는 것을 알아냈다.[1] 따라서 어떤 사건을 만났을 때 위협이 아닌 도전으로 해석하는 쪽으로 기울어지도록 우리 자신을 훈련시킬 필요가 있다. 나는 강의하기 전에 불안감을 느낄 때마다 그 상황을 위협이 아닌 도전으로 재구성한다. 다른 일에서도 마찬가지로, 의무감을 특권으로 또는 시험을 모험으로 생각하려고 한다.

또한 어떤 일이 기대했던 대로 되지 않았다면 당장은 실망하지만 나중에 그 결과에 대한 해석을 달리한다. 예를 들어, 그 실패에서 배울 수 있는 것이 무엇인지, 그 결과 어떻게 성장할 수 있는지 생각하면서 인식을 재구성하는 것이다. 그렇게 하면 바라던 일이 이루어지지 않았다고 해도 결과에 상관없이 의미 있는 여행을 했다고 평가할 수 있다.

토머스 왓슨이 말했듯이 성공률을 높이기 위해서는 실패율을 두 배로 높여야 한다. 우리는 단점을 찾기보다 장점을 찾는 사람이 될 수 있다. 어떤 일에 성공하지 못했을 때 다음 기회를 위해 실패에서 배울 수 있다.

거리를 두고 바라보기

웨인 다이어와 리처드 칼슨은 "사소한 것에 목숨 걸지 말라"는 뛰어난 조언을 했다.[2] 어떤 상황을 좀 더 거리를 두고 바라 보면 종종 걱정과 실망이 줄어든다. 시험 성적이 B가 나왔다고 해서 실제로 인생에서 성공할 확률도 줄어드는 걸까? 아마 그렇지 않을 것이다. 강의하다가 잠시 말을 더듬는다고 해서 1년 뒤에 큰일이 일어날까? 아마 그렇지 않을 것이다. 이렇듯 우리가 누리고 있는 모든 좋은 것에 감사하는 마음을 갖고 큰 그림을 놓고 보면 위안을 받을 수 있다.

상황을 재구성하거나 거리를 두고 바라보는 것은 고통스러운 감정을 피하기 위한 것이 아니다. 어떤 상황에서는 불쾌한 감정을 느끼는 것이 당연하다. 인지 재구성이나 거리를 두고 바라보기가 필요한 경우는 상황에 적절하지 않은 감정을 느낄 때다. 나는 PRP 단계를 통과하는 것으로 고통스러운 감정, 특히 완벽주의와 관련된 감정들을 해결한다. 며칠 전 나는 딸을 어린이집에 데려다주고 집에 돌아와서 강의하러 갈 때까지 원고를 써야겠다고 생각했다. 하지만 너무 늦게 집을 나서는 바람에 원고를 쓸 시간이 없을 것 같았다. 나는 꾸물거리다가 계획을 망쳐버린 나 자신에게 무척 화가 났다. 그래서 그 상황에 PRP 단계를 적용해보기로 했다.

첫째, 나 자신에게 실수를 허락하고 실망감과 좌절을 느끼는 대로 경험했다. 그런 감정을 느끼는 나 자신을 벌하지 않고 감정을 있는 그대로 받아들였다. 둘째, 그 상황을 재구성해서 긍정적인 측면에 대해 생각했다. 그 일을 계기로 나는 내가 너무 바쁘게 생활하고 있으며, 딸과 시간을 보내거나 글을 쓰는 것처럼 중요한 일을 하기 위해서는 다른 일을 줄일 필요가 있다는 사실을 깨달았다. 셋째, 마지막으로 좀 더 멀리 내다보면, 내가 당장 그날 글을 쓰지 못한다고 해도 1년 후에—아니면 지금부터 일주일 후에라도—큰 문제가 되지 않는다는 사실을 상기했다. 나는 글을 쓰기 위해 허겁지겁 집으로 달려가는 대신 딸과 함께 좀 더 시간을 보내기로 하고 딸을 어린이집에 들여보내기 전에 밖에서 함께 한가로운 산책을 즐겼다.

PRP 단계는 일종의 심리 기법으로, 연습이 필요하다. 처음에 할 때는 어색할 수도 있지만 시간이 지나면서 점차 익숙해져서 합리적인 생각이나 불합리한 생각에서 오는 감정을 해결하는 데 도움이 될 것이다. 격한 감정을 느낄 때는 그 감정을 허용하는 단계에서 많은 시간을 보낼 필요가 있다. 아니면 단지 감정을 인지하는 것만으로 충분한 때도 있다. 그러면 즉시 다음 단계로 넘어갈 수 있다.

PRP 단계 적용해 보기

최근에 느꼈던 혼란스러운 감정이나 어떤 걱정거리에 대해 생각해보자. 먼저 당신 자신에게 인간적이 되도록 허용하는 것부터 시작한다. 어떤 일로 인해 느끼는 감정을 받아들인다. 어떤 감정을 느끼는지 글을 쓰거나 이야기해보자. 아니면 그 경험을 경험해보는 시간과 공간을 마련한다. 이 단계는 5초에서 5분 이상 걸릴 수 있다.

상황을 재구성한다. 그 상황 때문에 어떤 긍정적인 결과가 있는지 생각해보자. 그 상황을 다행이라고 여길 수는 없겠지만 그래도 어떤 장점이 있을 수 있다. 그 상황에서 새로운 무언가를 배울 수 있는가? 당신 자신이나 다른 사람에 대해 새로운 점을 알게 되었는가? 세상에 대한 이해가 깊어지고 주어진 것에 대해 좀 더 감사할 수 있는가?

마지막으로 한걸음 물러나서 거리를 두고 그 상황을 바라보자. 좀 더 큰 그림을 볼 수 있는가? 1년 뒤에는 어떻게 될 것인가? 사소한 일에 연연하고 있지 않은가?

PRP 단계는 순서대로 하지 않아도 된다. 감정을 허용하는 단계에서 거리를 두고 바라보는 단계로 갔다가, 인지 재구성 단계로 가고 다시 감정의 경험 단계로 돌아올 수 있다.

과거에 있었던 경험이나 지금 일어나는 경험에 대해 PRP 단계를 통과하는 연습을 정기적으로 반복하자. 연습할수록 점점 수월해질 것이다.

세 번째 성찰.
상대방의 입장이 되라

처음 이 일을 시작했을 때 나는 내담자를 어떻게 치료하고 변화시켜야 할지 생각했다.
지금은 나 자신에게 이렇게 질문을 한다.
'어떻게 하면 이 사람이 성장하도록 도와줄 수 있을까?'
– 칼 로저스 –

나는 문제 해결사다. 고등학교에 다닐 때 수학을 좋아했는데, 수학 문제를 해결할 때 얻는 분명하고 확실한 느낌이 좋았다. 그런데 대학에 입학해서는 완벽주의와 스트레스에 시달리면서 관심이 숫자에서 인간 심리, 특히 나 자신의 심리를 이해해보려는 쪽으로 바뀌었다. 하지만 전공을 바꾼 후에도 내가 공부하는 방식에는 변함이 없었다. 나는 여전히 분명하고 확실한 것을 추구했다.

심리를 공부하는 나의 목표는 나 자신과 다른 사람들을 좀 더 행복하게 하는 것이었다. 따라서 고민이 생기면 어떻게든 확실하고 분명한 해결책을 찾으려고 했다. 대학원에 다닐 때 있었던 일 하나를 소개하겠다. 어느 날 한 친구와 점심을 먹는데, 그 친구가 고민이 있다며 심각하게 이야기를 꺼냈다. 전공이 적성에 맞지 않는 것 같아 공부할 의욕이 생기지 않고, 자꾸만 빈둥거리며 시간을 보낸다는 내용이었다.

나는 몇 분 동안 그의 이야기를 열심히 듣고 문제점을 분석한 후에 자신있게 간단명료한 해결책을 제시했다.

나는 그에게 글쓰기를 통한 방법을 제안했다. 그 방법은 자신의 열정이 무엇인지 확인하고 올바른 진로를 발견하게 하는 방법이었다. 몇 가지 동기부여 이론을 알려주고 빈둥거리는 습관을 극복할 수 있는 몇 가지 단계도 설명해주었다. 그것은 내가 수년간 공부해온 주제였다. 나의 조언은 매우 이성적이고 과학적이며 지혜로웠다. 하지만 그에게는 전혀 도움이 되지 않았다.

내 경험과 전문 지식을 들려주는 동안 나는 그가 귀를 기울이지 않고 있다는 것을 알았다. 그는 내 이야기를 한 귀로 듣고 다른 귀로 흘리고 있었다. 나는 어떻게든 그에게 도움을 주어야겠다는 생각으로 표현을 바꿔가며 설명하고 훈련 방법과 창의적인 아이디어를 제안했지만 아무 소용이 없었다. 도대체 무엇이 문제였을까?

나중에야 나는 그와 나눈 대화를 돌아보면서 그에게는 해결책이 아니라 단지 이야기를 들어줄 사람이 필요했다는 것을 깨달았다. 그는 나의 조언을 들으려고 자신의 고민을 털어놓은 것이 아니었다. 단지 자신을 이해해주기를 바랐다. 칼 로저스는 "치료사(도움을 주는 입장에 있는 사람)의 역할은 내담자에 대해 조건 없이 긍정적인 관심을 보여주는 것"이라고 말했다. 칼 로저스의 인간중심치료에서 상담자가 하는 역할은 내담자가 하는 말을 다시 들려줌으로써 그를 이해한다는 것을 알리고 마음이 편안해지도록 안전한 환경을 제공하는 것이다. 그 이상으로 해야 할 일은 없다. 시간이 지나면서 내담자는 치료사의 무조건적이고 긍정적인 관심을 내면화해서 어려움을 극복하고 다시 도전할 힘을 얻는다. "내 목표는 성심성의껏 안전하고 따뜻하고 공감하는 분위기를 제공하는 것"이라고 한 칼 로저스의 말은 의미심장하다.[1]

로빈 도스는 『카드로 만든 집House of Cards』에서 심리치료사는 일단 기본적인 기술과 지식을 갖추고 있다면 학력보다는 감정이입을 잘해야 한다고 말한다. 감정이입은 상대방의 입장이 되어서 그 사람이 진정으로 필요한 것을 이해하는 능력이다. 내 앞에 있는 사람에게 어떤 조언을 할지 생각하기보다 충실히 그의 이야기에 귀를 기울일 때 좀 더 감정이입이 잘된다. 효과적인 심리치료를 위해서는 지적인 사고와 지식뿐 아니라 수용하고 공감하는 마음을 지녀야 한다.

우리는 종종 고민을 이야기하는 친구에게 도움을 주겠다는 생각으로 조언을 한다. 그러나 정작 친구는 우리 생각과 정반대로 느낄 수 있다. 그 이유는 다음과 같다. 첫째, 해결책을 제시하는 것은 두 사람 사이에 거리를 만든다. 한 사람은 어떻게 해야하는지 아는 입장이고 또 한 사람은 모르는 입장이기 때문이다. 둘째, 그렇지 않아도 힘든 사람에게 열등감을 느끼게 한다. 본의 아니게 우쭐거리면서 온정을 베푸는 것처럼 보일 수도 있다.

반면 귀를 기울이면서 공감을 표시할 때는 전혀 다른 메시지를 전달한다. 친구에게 이렇게 말해보자. 첫째, "나는 너와 함께 있다. 너를 걱정하고 있다. 너는 나를 믿어도 된다." 둘째, "나는 너를 믿는다. 너는 똑똑하고 유능하니까 이 일을 잘 극복할 수 있을 것이다." 조언을 듣는 사람은 상대방이 자신을 이해한다고 느낄 때 용기를 얻는다. 사실 특별한 애정을 가진 사람들에게 조언을 삼가기는 쉽지 않다. 하지만 조언을 하는 것이 항상 최선이 아니라는 사실을 기억하자. 대개는 옆에 있어주는 것으로 충분하다.

물론 조언을 해주는 것이 적절할 때가 있다. 예를 들어, 미루는 습관 때문에 고민하는 친구에게 내가 가진 유용한 지식을 알려줄 수 있다. 하지만 먼저 그의 말에 귀를 기울인 다음에 해야 한다. 그가 하는 이야기를 완벽히 이해한다는 것을 보여주고 나서 해결책을 제안해야 한다. 상대방이 언제 조언을 듣고 싶은지 알 수 있는 간단한 법칙은 없다. 그래서 감정이입이 필요하다. 감정이입을 잘하는 치료사나 친구는 상대방에게 귀를 기울여야 할 때와 조언을 해야 할 때를 알고 있다.

완벽주의자는 모든 것을 완벽하게 만들기 위해 다른 사람들에게 조언을 하면서 그들 자신은 도움을 청하거나 받으려고 하지 않는다. 사실 완벽주의자가 최적주의자를 향해 가는 가장 좋은 방법은 적극적으로 도움을 청하는 것이다. 사람들에게 손을 내밀고 부족함과 약점을 보여주는 것은 처음에는 어색하고 어렵게 느껴질 수도 있다. 하지만 시간이 흐르면 곧 익숙해진다. 나는 개인적으로 서로 간의 신뢰를 바탕으로 오래 친하게 지내는 사람에게 받는 가장 큰 도움은 상대방에게 도움을 청하는 법을 배우고 약한 모습을 보여줄 힘을 얻는 것이라고 생각한다. 그리고 그렇게 얻는 힘을 다른 관계와 상황에서 사용하고 있다. 인간은 수학공식처럼 특별한 변수의 자리에 적절한 숫자를 대입해서 문제를 해결할 수 있는 존재가 아니다. 특히 곤경에 처하거나 약해졌을 때 인간의 심리는 해결책과 조언보다는 이해와 사랑을 필요로 한다. 받아들이고 포용하고 격려하는 환경 속에서 우리의 장점과 능력과 힘을 마음껏 발휘할 수 있다.

다른 사람들에게 배우기

당신이 어려움에 부닥쳤을 때 도움을 주었거나 지금 도움을 주고 있는 사람을 생각해보자. 그 사람에 대해 그리고 그가 어떤 도움을 주었는지에 대해 구체적으로 쓴다. 그 사람과 나눈 특별한 대화나 그에게서 용기를 얻었던 특별한 일화를 기술한다.

그 사람의 행동이나 말에서 무엇을 배울 수 있는가? 그에게서 배운 것으로 다른 사람에게 어떤 도움을 줄 수 있는가? 또 다른 사람 한두 명을 생각하면서 이 연습을 반복해서 하고, 당신에게 도움을 주었던 그 사람들에게 어떤 공통점이 있는지 생각해보자.

네 번째 성찰.
감정은 영혼의 표현이다

완벽히 행복한 사회를 육성하는 것은
공포 문화를 조장하는 것이다.
— 에릭 G. 윌슨 —

『멋진 신세계』에서 올더스 헉슬리는 '소마'라는 특효약으로 고통스러운 감정을 해결하는 미래의 세상을 그렸다. 1932년에 출판되어 채 1세기가 지나지 않은 지금, 헉슬리가 섬뜩하게 묘사한 불감증에 걸린 세상이 앞으로 멀지 않은 것 같다.

즐거움을 추구하고 고통을 피하려고 하는 것은 인간의 자연스럽고 건강한 본능이다. 하지만 멋진 신세계를 떠올리게 하는 오늘날 기술의 진보는 그 건강한 본능을 극단으로 몰고 가고 있다. 우리 문화는 완벽한 즐거움에 집착하며, 행복하고 충만한 삶에는 고통스러운 감정이 없어야 한다고 믿는다. 긍정적인 감정의 흐름을 위협하는 불편한 감정은 신속하게 해결해야 하는 근본적인 문제가 있음을 알려주는 표시가 되었다.

인간의 행복에 대한 이러한 오해는 의료계에도 일부 책임이 있다.

의료계에 종사하는 많은 사람들은 '즐거움을 추구하고 고통을 피하려는' 의지를 극단적으로 단순하게 이해한다. 그래서 감정적으로 불편을 겪고 있는 기미가 조금이라도 보이면 약을 처방한다. 오늘날 병원에서 정신과 약을 쉽사리 처방해주는 현실은 모든 고통스러운 감정은 무조건 없애버려야 한다는 믿음을 반영하고 있다.

물론 약물치료가 필요한 상황도 있다. 그러나 약을 처방하지 않는 편이 나은 때가 훨씬 더 많다. 지난 학기에 내 수업을 들었던 한 학생은 처음으로 B학점을 받았다며 우울해했다. 그는 30분 후에 난생처음 정신과를 찾아가서 항우울제를 처방받았다.

자살 충동을 느끼는 것처럼 극한적인 상황이 아니라면 고통스러운 감정에서 벗어나려고 쉽게 약물을 복용해서는 안 된다. 시험을 망쳐 우울한 학생은 약을 먹을 것이 아니라 실패(또는 실패를 인식하는 사고방식)를 극복하는 법을 배워야 한다. 이별을 한 사람은 약이 아니라 슬퍼할 시간이 필요하다. 직장을 잃은 사람이 약으로 슬픈 감정을 다스리는 것은 결국 도움이 되지 않는다.

고통스러운 감정을 이겨내면 전보다 더 강해진다. 감정은 영혼의 표현이다. 감정을 읽고 그 안에 담긴 메시지를 이해하고 적절한 행동을 취하는 법을 배워야 한다.

개인적인 예를 들자면, 내가 뚜렷한 이유가 없는데도 슬픔과 공허함을 느끼는 경우는 대부분 해야 할 일이 너무 많기 때문이다. 나는 나 자신을 한계까지 밀어붙이고 너무 많은 일을 움켜쥐고 하나라도 놓치고 싶어 하지 않았다. 그때 나는 감정을 통해 이제 그만 속도를 늦추고 단순하게 살면서 휴식을 취하라는 메시지를 받는다. 물론 약으로 슬픔을 떨쳐버리고 계속해서 더 많은 일을 할 수도 있다. 오늘날 많은 사람이 그렇게 하고 있다. 하지만 감정의 목소리를 듣는 것은 매우 중요하다. 그 목소리를 억지로 잠잠하게 만든다면 결국 나 자신과 주변 사람들에게 해를 끼치게 된다.

영화 「매트릭스」에서 주인공 네오는 빨간 약과 파란 약 중 하나를 선택하라는 제안을 받는다. 빨간 약을 먹으면 인간 존재에 대한 고통스러운 진실을 알게 된다. 파란 약을 먹으면 외부 세력이 지배하는 가공의 세계에서 안정적이고 행복한 망각 상태로 살게 된다. 네오는 결국 빨간 약을 선택한다. 그는 가혹한 현실을 직시하고 슬픔과 실패의 고통, 그리고 발견과 발전의 기쁨을 동시에 얻는 여행을 떠난다.

내가 완벽주의 때문에 여러 대가를 치르고 있다는 것을 처음 알았을 때 그것을 포기할 선택권이 주어졌다면 어땠을까? 과연 완벽한 세상을 포기했을까? 만일 내가 감정이 주는 고통과 씨름하면서 성장할 수 있다는 것을 알았다면 완벽주의를 버릴 수 있었을까? 절대 그렇지 않았을 것이다.

오늘날 향정신성 의약품의 발달은 이러한 선택을 실제로 가능하게 만들고 있다. 『멜랑콜리 즐기기』에서 에릭 G. 윌슨은 이렇게 단언했다. "향정신성약품 덕분에 조만간 우리는 점점 더 불행해질 것이다. 우울증 환자가 헤아릴 수 없이 많아질 것이다."[1]

그리 멀지 않은 미래에 우리의 다음 세대나 그다음 세대에는 알약을 먹거나 유전자 개조를 통해 실패의 두려움을 없애고, 고통스러운 감정을 피하고, 성취감을 주입하는 등 신속하고 쉬운 선택 앞에 서게 될 것이다. 그때 우리의 미래 세대가 빨간약을 선택하기를 바란다. 물론 어떤 약도 선택하지 않아도 된다면 더욱 좋을 것이다.

HAPPY TRAINING

사건 재구성하기

두 번째 성찰에서 나는 인지치료와 그 잠재적 효과에 대해 이야기했다. 연구에 따르면 완벽주의자가 느끼는 불안증이나 우울증 같은 부정적인 감정을 극복하는 문제에서 인지치료가 약물치료보다 효과적이다. 다음의 간단한 연습을 정기적으로 한다면 사건을 해석하는 방식을 달리해서 감정에 대한 반응을 바꿀 수 있을 것이다.

종이에 세로로 세 칸을 만든다. 첫 번째 칸에는 고통스럽고 강렬한 감정을 느꼈던 경험을 간단하게 기술한다. 두 번째 칸에는 그 경험에 관한 완벽주의자의 해석을 쓰고 괄호 안에 그러한 해석이 어떤 감정을 불러 오는지 적는다. 세 번째 칸에는 최적주의자의 시각으로 그 사건을 합리적으로 또는 적절하게 해석해서 재구성한다. 그리고 그 옆의 괄호 안에 그러한 해석이 불러오는 감정을 적는다. 예를 들면, 다음과 같다.

사건	완벽주의자의 해석	최적주의자의 해석
시험을 망쳤다.	나는 패배자다. 앞으로도 성공하지 못할 것이다.(좌절감과 열등감).	시험을 한 번 망쳤을 뿐이다. 다음 번에는 좀 더 노력할 것이다(희망).
체중이 3주 동안 1.5킬로그램이 늘었다.	나는 과체중이며 점점 더 뚱뚱해지고 있다(우울증).	체중이 오르내리는 건 자연스러운 현상이다. 한 달 동안 운동을 하지 않았는데 다시 시작할 것이다(결의).

사건	완벽주의자의 해석	최적주의자의 해석

이 연습의 효과는 금방 나타나지 않을 것이다. 불안감을 희망으로 바꾸거나 우울함을 각오로 바꾸기 위해서는 사건을 재구성하는 것만으로는 부족하다. 하지만 정기적으로 이 연습을 한다면 완벽주의와 관련된 감정 때문에 받는 고통이 매우 줄어들 것이다. 약물치료를 대신하는 건강한 치료법이다.

다섯 번째 성찰.
고통이 주는 놀라운 선물

말로 표현할 수 없는 뼈저린 고통은
새로운 삶으로 들어가는 세례, 부활, 입문이라고 부를 수 있다.
– 조지 엘리엇 –

　최적주의자가 되는 여행을 출발했을 때 나는 고통, 슬픔, 불안, 시련이 내 삶에서 사라지기를 바랐다. 물론 그러한 바람을 갖도록 지시한 것은 내 안의 완벽주의였다. 외부에서 어떤 일이 일어나도 항상 행복할 수 있는 내면의 장소를 찾고 싶었던 것이다. 하지만 결국 그런 장소는 찾을 수 없었다. 그 대신 시련에서 배울 점이 있으므로 고통을 받아들이는 것이 중요하다는 것을 알았다.

　우리가 고통을 처리하는 방식은 문화로부터 큰 영향을 받았다. 서양에서는 일반적으로 고통스러운 감정을 거부한다. 우리가 행복을 추구하는 것을 방해하는 감정으로 생각하기 때문이다. 그래서 싸우고 억누르고 약을 먹거나 어떤 식으로든 신속하게 사라지도록 하는 방법을 찾는다. 일부 문화권, 특히 동양에서는 고통이 깨달음을 향해 가는 길에서 중요한 역할을 한다고 생각한다. 나는 아직 완벽하고 영원한

열반의 상태에 도달하는 것이 가능한지는 잘 모르지만 삶의 덧없음과 부족함, 패배와 실망에 접근하는 불교의 접근 방식에는 배울 점이 많다고 생각한다.

티베트 승려인 켄첸 콘촉 걀첸 린포체는 고통이 우리에게 주는 네 가지 선물인 '지혜, 탄력성, 동정심, 현실 존중'에 대해 이야기한다.[1)

지혜는 고통의 경험에서 온다. 우리는 모든 것이 순조로울 때는 우리의 삶과 상황에 대해 질문하지 않는다. 힘든 상황이 닥칠 때 비로소 삶과 경험을 진중히 돌아보게 된다. 솔로몬이 현명한 가슴이라고 말했던, 세상을 깊이 볼 수 있는 혜안을 얻기 위해서는 용감하게 폭풍의 눈을 마주 보아야 한다.

니체는 "우리를 죽이지 못하는 고통은 우리를 더 강하게 만든다"는 유명한 말을 남겼다. 고통은 우리를 좀 더 탄력적으로 만들어서 시련을 견딜 수 있게 한다. 근육을 단련하려면 고통을 참고 견뎌야 하는 것처럼 우리의 감정은 강해지기 위해 고통을 이겨내야 한다. 고통뿐 아니라 기쁨에 대해 누구보다 잘 알고 있었던 헬렌 켈러는 말했다. "인격은 편안하고 조용하게 발달할 수 없다. 시련과 고통의 경험을 통해서만 영혼이 강해지고 비전이 분명해지며 꿈을 꾸게 되고 성공할 수 있다."

우리는 누구나 때로 마음의 상처를 받는다. 그러한 보편적 감정은 우리를 동정심이라는 울타리 안에서 하나가 되게 한다. 사전에는 동정심을 "다른 사람의 고통에 대한 깊은 인식과 더불어 그 고통을 덜어주려는 바람"이라고 정의하고 있지만, 다른 사람들이 어떤 고통을 느끼는지는 우리 자신이 고통을 겪어 보지 않으면 알 수 없다. 고통을 말로 설명하는 것은 시각장애인에게 푸른색을 설명하는 것처럼 무의미하다. 고통을 알기 위해서는 직접 경험을 해야 한다. 프리츠 윌리엄스 목사는 이렇게 말했다. "고통과 기쁨은 감정이입을 가르쳐주고, 우리를 다른 사람의 영혼과 가슴속에 들어가게 해준다. 그 투명한 순간에 상대방의 기쁨과 슬픔을 이해하고 마치 내 일인 것처럼 관심을 두게 된다."

고통이 주는 가장 중요한 혜택 중 하나는 현실을 있는 그대로 이해하고 존중하게 되는 것이다. 기쁨의 경험은 우리를 무한한 가능성의 영역으로 연결하고 고통의 경험은 우리의 한계를 깨닫게 한다. 아무리 노력해도 마음대로 되지 않을 때, 높이 날고 있을 때는 미처 모르고 있었던 현실의 제약을 이해하고 겸손해진다. 기쁠 때는 머리를 처들고 하늘을 올려다보고 괴로울 때는 고개를 숙이고 땅을 내려다보는 것은 상징적인 의미가 있는 듯하다.

프쉬카의 랍비 부님은 우리 모두 탈무드에 나오는 "세상은 나를 위해 창조되었다"는 글과 창세기에 나오는 "나는 먼지와 재에 불과하다"는 글을 각각 종이에 써서 두 장을 함께 주머니에 넣고 다녀야 한다고 말한다. 건강한 심리 상태는 오만함과 열등감 사이의 중간 지점에 있다. 오만과 열등감이 어우러져서 징신적으로 건강해지는 것과 마찬가지로, 기쁨과 고통이 어우러져야 현실과 건강한 관계를 수립할 수 있다.

기쁨은 나를 천하무적으로 느끼게 한다. 기쁠 때는 내가 운명의 주인이고 나 스스로 현실을 창조하는 것처럼 느낀다. 반면, 고통은 나를 약하고 초라한 존재로 만들고 환경의 희생자이며 현실을 통제할 힘이 없다고 느끼게 한다. 기쁨만 있다면 오만해지고 고통만 있다면 체념을 하게 될 것이다. 인생의 부침은 우리를 아리스토텔레스의 중용을 향해 가까이 가게 한다. 현실을 깊이 이해한다는 것은 우리의 잠재력, 한계, 인간성을 있는 그대로 받아들이는 것을 의미한다. 고통이 우리 삶의 일부이며 지혜와 동정심을 배우게 한다고 생각하면 좀 더 달갑게 받아들일 수 있다. 실제로 슬픔과 불행을 불가피한 것으로 받아들일 때 고통이 줄어든다.

나다니엘 브랜든은 자기 수용이 중심이 되는 자긍심을 의식의 면역체계라고 부른다. 면역력이 생기면 병에 덜 걸리고, 병에 걸려도 빨리 회복된다. 마찬가지로 의식의 면역체계가 강화되면 고통이 완벽히 사라지지는 않지만 고통을 겪더라도 그 정도가 약하고 좀 더 빨리 회복할 수 있다.

질병이 실제로 우리의 면역체계를 강화시킨다고 해서 일부러 병에 걸릴 기회를 찾지는 않는 것처럼, 고통이 주는 혜택을 받기 위해 일부러 고통을 겪어야 하는 것은 아니다. 우리는 본능적으로 즐거움을 추구하고 고통을 줄이려고 노력한다. 일부러 고통을 찾지 않아도 불완전하고 덧없는 세상은 우리의 면역체계를 강화시키는 많은 기회를 제공한다.

부처가 말한 네 가지 성스러운 진리인 사성제의 첫 번째는 고통의 진리이다. 우리는 고통을 거부하거나 불가피한 것으로 받아들일 수 있다. 그리고 힘든 시련을 받아들이고 끌어안는 법을 배울 때 고통은 성장을 위한 도구가 된다.

고통 되돌아보기

최소한 20분 동안 당신이 고통을 겪었던 경험에 대해 기술해보자. 어떤 일이 있었는지, 그때 어떻게 느꼈는지, 그리고 지금은 어떻게 느끼는지 적어보자. 그 경험이 당신에게 어떤 영향을 주었는가? 그 경험에서 당신은 어떤 교훈을 배웠고 어떤 식으로 성장했는가? 문체나 문법에 대해서는 신경 쓰지 말고 떠오르는 대로 자유롭게 글을 쓰자.

이 연습은 반복해서 할수록 잘할 수 있다. 같은 경험에 대해 써도 되고 또 다른 고통스러웠던 경험에 대해 쓸 수도 있다.[2]

여섯 번째 성찰.
나를 사랑하는 것이 먼저다

당신 자신을 사랑하는 것을 잊지 말라.
— 키르케고르 —

　"우리 자신에게 하지 않는 것을 다른 사람들에게도 하지 말라"고
가르치는 황금률은 세속적이거나 종교적이거나 거의 모든 도덕규범에
포함되어 있다. 황금률이 걱정하는 것은 우리 이웃이다. 그러면 우리
자신에게는 어떻게 대해야 하는가? 황금률은 우리 자신에 대한 사랑
을 당연하게 여긴다. 우리 자신을 대하는 방식을 이웃들을 대하는 방
식의 기준으로 삼았을 뿐이다. 자신을 사랑하듯이 다른 사람을 사랑
하라는 것이다. 하지만 황금률은 모든 사람이 자신을 사랑하는 것은
아니며 자기비판을 할 수 있는 나이가 되면 자신을 사랑하지 않는 사
람들이 많다는 사실을 간과하고 있다.

　우리는 다른 사람의 인간적인 약점에 대해서는 좀처럼 비난하지
않지만 자신에 대해서는 엄격하다. 다이앤 애커먼이 지적하듯이 우리
는 아무도 완벽해질 수 없으며, 다른 사람들이 완벽해지기를 기대하지

않는다. 하지만 우리 자신은 완벽해지기를 바란다.[1] 어째서 우리는 이웃에게는 관대하고 우리 자신에게는 엄격한 이중 잣대를 갖고 있는 것일까? 그래서 나는 우리의 도덕규범에 "다른 사람에게 기대하지 않는 것을 우리 자신에게도 기대하지 말라"는 새로운 규칙, 백금률을 추가할 것을 제안한다.

다른 사람에게 기대하는 것에 비추어 보면 우리는 우리 자신에게 터무니없이 엄격한 태도를 보이고 있다. 당신은 배우자가 완벽하지 못한 강의를 한다고 그를 비판하는가? 친한 친구가 시험을 망쳤다고 해서 친구 자격이 없다고 생각하는가? 당신의 딸이나 아버지가 어떤 경쟁에서 일등을 하지 못했다고 그들을 덜 사랑하는가? 아마 그렇지 않을 것이다. 하지만 우리 자신이 뭔가 잘못했을 때는 종종 스스로 못난이나 실패자로 여긴다.

달라이 라마와 그의 제자들은 서양학자들을 만나기 시작했을 때 많은 서양인들이 자신을 사랑하지 않고 오히려 혐오한다는 사실을 알고 깜짝 놀랐다. 티베트 사람들은 자기를 사랑하는 것이나 다른 사람들을 사랑하는 것에 차이를 두지 않는다. 그들에게는 자신에게 인색하고 이웃에게 관대한 것은 있을 수 없는 일이다. 달라이 라마는 말한다. "티베트 전통에서 동정심은 다른 사람뿐 아니라 우리 자신에게 베푸는 마음가짐이나 태도다."[2] 동정심의 대상이 정말 나 자신이 될 수 있는지를 묻자, 달라이 라마는 다음과 같이 대답했다.

나 자신이 먼저입니다. 나를 받아들인 다음에 다른 사람들을 받아들일 수 있는 것입니다. 어떤 면에서 차원 높은 동정심은 이기심이 발전한 것입니다. 따라서 자기혐오가 강한 사람들은 다른 사람들을 진정으로 동정하기 어렵습니다. 동정심이 뿌리내릴 수 있는 터전이 없기 때문입니다.

힘든 경험을 극복하기 위해서는 자긍심이 중요하다는 것을 보여주는 많은 연구들이 있다. 하지만 최근 심리학자 마크 리어리와 그의 연구진은 특히 어려운 시기에는 자긍심보다도 자기연민이 필요하다고 말한다.[3] "자기연민을 느끼면 나쁜 일이 일어난 상황에서 설상가상으로 자신을 비난하지 않을 수 있다. 만일 사람들이 실패를 하거나 실수를 했을 때 계속 자책을 한다면 어려움을 극복할 수 없을 것이다."

자기연민은 고통스러운 생각과 감정을 인간성의 일부로 인정하고 우리 자신을 이해하고 동정하는 것이다. 또한 시험을 망치거나 실수하거나 터무니없이 화가 나는 일이 있어도 우리 자신을 용서하는 것이다. 리어리는 말한다. "미국 사회는 사람들의 자긍심을 높여주기 위해 많은 시간과 노력을 투자 해왔다. 하지만 사실 행복을 위해 그보다 더 중요한 요소는 자기연민일 것이다."

리어리가 자기연민을 강조한 것은 중요하지만 자기연민과 자긍심을 구분하는 것은 불필요할지도 모른다. 나다니엘 브랜든은 리어리가 말하는 자기연민과 매우 유사한 자기 수용을 자긍심을 받쳐주는 기둥의 하나라고 강조한다. 자기연민과 자긍심은 서로 밀접한 관계가 있다.

　서양에서는 이타주의를 도덕적으로 높이 평가하기 시작하면서 자기애를 물리쳐야 할 적으로 보았다. 이 때문에 사람들은 어떻게 해서든 자기애에서 벗어나고자 했다. 인간의 본성—자기애와 그에 수반하는 이기심—에 대한 이러한 공격은 정치적으로나(예를 들어, 공산주의 사회) 개인적으로(열등감의 유행) 무시무시한 결과를 불러왔다.

　이타주의에 대한 요구는 황금률을 왜곡해서 자기애라는 감정을 부정하고 아무 연고도 없는 사람들을 사랑하도록 했다. 하지만 다른 사람들을 좀 더 사랑하기 위해 우리 자신을 덜 사랑한다면 정반대의 결과를 불러오게 된다. 다른 사람을 사랑하기 위해서는 먼저 우리 자신을 사랑해야 한다. 철학자이자 소설가인 아인 랜드의 표현을 빌리면, 누구든지 '나는 당신을 사랑합니다'라고 말하기 위해서는 먼저 '나'를 말할 수 있어야 한다.

HAPPY TRAINING

자존감 높이기
다음 문장을 완성해보자. 생각나는 대로 자유롭게 쓰고 난 후에는 완성한
문장을 분석해보자.

나 자신을 5퍼센트 더 사랑한다면…
나의 자긍심을 높이기 위해서는…
나 자신에 대해 5퍼센트 더 동정적이 되기 위해서는…
다른 사람들에게 5퍼센트 더 동정적이 되기 위해서는…
이제 내가 알게 된 것은…

일곱 번째 성찰.
그럼에도 불구하고

세상을 앞으로 나아가게 하는 중요한 일은
완벽한 사람들이 해줄 때까지 기다리지 않는다.
— 조지 엘리엇 —

지난주에 나는 저녁 만찬에 참석했다. 우리의 대화는 연애 사건에서부터 정치 문제로, 음식과 요리에서부터 스포츠와 문학으로 두서없이 이어졌다. 어느 시점에서 우리는 돌아가면서 감명 깊게 읽은 책에 대해 이야기했다. 내 차례가 되었을 때 나는 강력한 가치와 문화를 통해 사회에 큰 영향을 미치고 비전을 가진 기업들을 소개한 『성공하는 기업들의 8가지 습관』이라는 책에 대해 이야기했다. 내가 사회에 중요한 공헌을 한 비전을 가진 지도자의 본보기로 월트 디즈니를 언급하자 안주인이 끼어들었다. "그런데, 그 사람은 직원들에게 인색했다고 하더군요." 그러자 "그건 그렇지만"이라는 반론들이 이어졌다.

사람들은 빌 게이츠에 대해 이야기할 때 그가 이룩한 기술적 업적과 뛰어난 비즈니스 감각을 칭찬하고 나서 거의 항상 "그렇지만, 그는 독과점을 했다"는 이야기를 한다. J. P. 모건은 미국 정부를 여러 차례 도와주었고 비즈니스의 기준을 높였지만, 수상한 거래에 관여하기도 했다. 위대한 정치 지도자들도 "그렇지만"에서 예외가 아니다. 링컨은 노예를 해방시켰지만, 남북전쟁 이전에 찰스턴에서 백인의 우월성을 옹호하는 연설을 했다. 그리고 간디는 인도의 독립을 이끌어냈지만, 아내에게 잔인했다. 이러한 사례는 일일이 열거하자면 끝이 없다.

이번에는 같은 사건을 "그럼에도 불구하고"로 이야기해보겠다. 링컨이 노예제도에 개인적으로 무관심했다는 것이 사실이라면 실망스럽기는 하다. 하지만 그럼에도 불구하고 그의 결단으로 수많은 사람이 노예 신분에서 풀려날 수 있었다. J. P. 모건은 성자는 아니었다. 그럼에도 불구하고 경제에 대한 자신감과 확신을 불어넣음으로써 미국을 세계에서 가장 번영한 국가로 만드는 데 기여했다. 우리가 무심코 던지는 말로 영웅적인 인물들을 깎아내리는 것은 그들이 인간이라는 사실을 받아들이지 않기 때문이다. 문제는 완벽한 영웅이 존재하는지 아닌지가 아니라, 우리가 그의 핵심적 특성과 업적과 공헌에 초점을 맞추기보다 잘못을 들추어낸다는 것이다.

우리 자신과 다른 사람들에 대한 우리의 관점은 긍정적인 면에 초점을 맞추는지, 부정적인 면에 초점을 맞추는지에 따라 달라진다. 부정적인 면에 초점을 맞추면-잘못을 찾아내는 완벽주의-단점을 능동적인 힘으로 여기고 장점을 수동적인 힘, 즉 단점의 부재로 여긴다. 반면. 긍정적인 면에 초점을 맞추면-장점을 찾아내는 최적주의-장점을 현실에서 생산적인 힘으로 여기고 단점을 장점의 부재로 여긴다.

대부분의 종교가 장점을 빛으로, 단점을 어둠으로 표현하는 것은 우연이 아니다. 빛은 능동적인 힘이고, 어둠은 빛이 없는 수동적인 힘이다. 한 조각의 어둠이 밝은 방을 어둡게 만들 수는 없지만 하나의 양초가 어두운 방을 환하게 밝힐 수는 있다. 에드먼드 버크가 "악이 승리하는 데 필요한 것은 선한 사람들이 아무 행동도 하지 않는 것이다"라고 한 말은 악은 선의 부재라는, 현실에서 긍정적인 힘과 부정적인 힘의 관계를 적절하게 표현하고 있다.

부정적인 면에 초점을 맞춘다면(선은 악이 완벽히 부재할 때만 존재할 수 있다는 생각) 결함이 없는 완벽한 사람만이 좋은 사람이 될 수 있다. 하지만 누구도 이 시험을 통과할 수 없으므로 누구도 우리의 존경을 받을만한 대상이 될 수 없다.

긍정적인 면에 초점을 맞춘다면(악은 수동적이고 선은 능동적이라는 생각) 우리 사회는 좋은 일을 하는 사람들, 능동적으로 움직이는 용감한 사람들을 통해 더욱 좋아질 수 있다. 그들은 능동적으로 행동하기 때문에 또한 실패할 수 있다. 하지만 실패를 무릅쓰고 대가를 치러야 성공할 수 있다.

우리가 다른 사람들을 평가하는 방식을 결정하는 것을 넘어서 긍정적인 면이나 부정적인 면에 초점을 맞추는 방식은 우리 자신이 생활 방식에 직접적인 영향을 준다. 어디에 초점을 맞추느냐에 따라 능동적인 삶을 살 것인지 수동적인 삶을 살 것인지 결정된다. 불행으로부터 도망치면서 살 것인가 아니면 행복을 쫓아가면서 살 것인가? 수동적으로 우울한 상황을 피할 것인가 아니면 능동적으로 기쁨을 찾을 것인가? 대부분의 시간을 빛을 발산하면서 보낼 것인가 아니면 어둠을 피해 다닐 것인가? 능동적이고 모험적인 삶을 살 것인가, 아니면 안전한 게임을 하거나 아무것도 하지 않는 삶을 살 것인가?

부정적인 면에 초점을 맞추면 두려움—실수에 대한 두려움, 부족함에 대한 두려움, 비판에 대한 두려움—에 의해 움직이게 된다. 무엇보다 어떤 사람도, 우리 시대의 문화적 우상들조차, 언제까지나 사람들에게 완벽하게 보일 수는 없다. 그렇다면 굳이 완벽해지려고 노력할 필요가 있겠는가?

부정적인 면에 초점을 맞추는 완벽주의자는 뭔가를 잘못하는 것이 두려운 나머지 종종 현상유지로 만족하고 결국 제자리걸음을 하거나 뒷걸음질을 친다. 그에 비해, 긍정적인 면에 초점을 맞추는 최적주의자는 때로 실패를 하더라도 훌륭한 삶을 창조하기 위해서는 우리가 가진 장점을 능동적으로 추구해야 한다는 것을 알고 있다. 장점에 초점을 맞춘다고 해서 단점을 무시하라는 것이 아니다. 단점을 극복하려면 장점을 추구하는 것이 가장 효과적이라는 것이다.

역사에는—우리 자신의 과거, 영웅담, 또는 세계 역사—항상 순수성을 더럽히는 어두운 면이 있기 마련이다. 그러한 결함을 해결하는 방식에 따라 우리 자신과 우리가 속한 공동체의 미래가 결정된다. 우리 손을 더럽힐까 두려워서, 또는 프로메테우스의 위험한 길을 따라가는 것이 두려워서 통에 들어가 숨을 것인가? 불만을 숨긴 채 수동적인 태도를 유지할 것인가 아니면 사회를 개선하는 운동가가 될 것인가?

1910년 시어도어 루스벨트는 다음과 같은 이야기를 했다.

강한 사람이 어떻게 비틀거리는지, 또는 어떤 업적을 남긴 사람이 좀 더 잘하지 못한 것에 대해 비판하기는 쉽다. 그러나 그것은 중요하지 않다. 명예는 실제로 전장에 있는 사람에게 있다. 흙과 땀과 피로 얼룩진 얼굴로 용맹하게 싸우면서 실수하고 실패하는 사람에게 있다. 노력하지 않으면 실수나 실패도 하지 않는다. 우리는 위대한 포부와 위대한 헌신을 알고, 가치 있는 대의를 위해 자신을 바치는 사람, 실패의 위험을 무릅쓰고 도전하는 사람들을 찬양해야 한다. 그들을 승리하지도 패배하지도 않는 냉소적이고 소심한 사람들과 같은 위치에 세워서는 안 된다.

행동하지 않음으로써 아무 상처도 받지 않는 사람은 성인이 아니라 비겁자다. 진정한 영웅은 스스로 인간적인 약점을 드러내는 사람이다. 그들은 성공하려면 우선 실패해야 하며, 행동하려면 더러워질 각오를 해야 한다는 것을 알고 있다. 식탁에 둘러앉아 있는 우리는 완벽하지 못하지만 용감한 그들에게 감사해야 한다.

소소한 노력으로 더 나은 세상만들기

당신은 세상을 좀 더 나은 곳으로 만들기 위해 무엇을 할 수 있는가? 다른 사람들에게 도움을 줄 방법을 생각해서 실행에 옮겨보자. 개인적으로 관심을 가진 문제에 대한 글을 지방신문에 기고하거나 자녀가 다니는 학교에서 자원봉사를 하거나 도움이 필요한 친구에게 좀 더 시간을 할애할 수 있다. 완벽하게 할 수 있을 때까지 기다리지 말고 지금 당장 행동에 옮기자.

주는 것이 받는 것이다. 사회에 도움이 되는 활동을 하면 몸과 마음이 건강해질 뿐 아니라 다른 많은 혜택이 돌아온다.[1]

여덟 번째 성찰.
나이 듦의 즐거움

젊어지려고 하거나 날씬해지려고 애쓰지 않으면
즐겁게 살 수 있다.
– 윌리엄 제임스 –

예일대학 공중보건학과 교수인 베카 레비는 노인들에 대한 연구에서 노년에 대한 인식이 수명에 큰 영향을 미친다는 것을 발견했다. 노년에 대해 긍정적인 관점을 가진 사람들은 부정적인 관점을 가진 사람들보다 평균 7년을 더 오래 살았다.[1] 레비의 연구에서는 또한 노년에 대한 긍정적인 인식이 삶의 질에도 영향을 준다는 것이 밝혀졌다. 노년과 노화 과정을 받아들이는 사람들은 육체적이고 정신적으로 훨씬 더 건강하게 살았다. 노년에 대해 긍정적으로 생각하면(예를 들어, 지혜로워진다) 기억력이 향상되었고, 반면 부정적으로 생각하면(노망이 든다) 기억력이 감퇴했다. 믿음은 자기충족적 예언이 된다.

문화마다 노년에 대한 인식에 차이가 있다. 그러한 인식은 그 문화권에 사는 사람들의 믿음에 영향을 주고, 따라서 몸과 마음의 건강에 영향을 준다. 예를 들어 일반적으로 노년에 대해 부정적인 관점을 취하는 미국의 노인은 아시아의 노인보다 기억력이 현저하게 떨어진다. 아시아에서는 나이가 드는 것을 대체로 긍정적으로 생각한다. 미국보다는 중국에서 현자가 되기가 더 쉬운 것 같다.

노화를 피하려는 문화에서는 많은 사람들이 시간과 에너지, 돈을 지나치게 투자하면서 극단적인 방법으로 자연의 순리를 거스르려 한다. 젊어 보이려고 노력하고 평생 날렵한 몸을 유지하는 것은 좋은 일이지만 자연스러운 노화 과정을 받아들이지 않으려고 기를 쓰는 것은 부질없는 일이다. 그 결과 그들은 노인이 되기도 전부터 불행해진다.

노화를 부정적으로 생각하는 이유 중 하나는 대체로 오늘날 젊은 세대가 더 이상 연장자들에게 조언을 구하지 않기 때문이다. 그로 인해 젊은이들과, 때로 노인들 자신도 나이가 들면서 얻을 수 있는 지혜를 높이 평가하지 않는다. 그 원인은 적어도 일부 기술 발달에 있다. 오늘날, 기술적 지식은 잉크가 마르기도 전에 쓸모가 없어지기 때문에, 오히려 젊은이들이 연장자를 가르쳐야 하는 상황이 되었다. 그러자 많은 젊은이들이 '기술적 지식'을 '모든 지식'으로 일반화해서 자신들이 모든 문제에 대한 해답을 갖고 있다고 생각하며 노인들의 지혜나 경험의 가치를 존중하지 않는다.

보통 10대들은 독립심을 기르는 과정에서 이전 세대의 지혜를 버리고 자기 방식대로 살고 싶은 욕망과 무적불패의 느낌을 즐긴다. 이것은 10대의 당연한 권리이기도 하다. 하지만 성숙한 성인이 되면 다른 사람, 특히 더 많은 경험을 가진 사람들로부터 배워야 한다. 마크 트웨인은 이전 세대의 지혜를 무시하다가 어느 날 인정하게 되는 자연스러운 과정을 다음과 같이 표현했다. "내가 열네 살 소년이었을 때 나의 아버지는 너무 무지해서 그와 함께 지내는 것이 견디기 어려웠다. 하지만 내가 스물한 살이 되었을 때 나는 아버지가 7년 만에 얼마나 많은 것을 배웠는지 알고 깜짝 놀랐다."

우리가 60세나 80세에 세상을 바라보고 이해하고 감상하는 것은 20세나 30세에 하는 것과 다르다. 정신적이고 감정적인 성숙에는 지름길이 없다. 지혜, 분별력, 지성, 안목은 세월과 경험을 통해 발전할 수 있다. 노화가 주는 현실적인 도전에 능동적으로 대응할 때 우리는 그것으로부터 얻는 진정한 기회를 활용할 수 있다.

노년을 미화하려는 것이 아니다. 단지 노화의 단점 이면에 숨어 있는 장점을 분명히 알아야 한다는 이야기다. 노년을 인정하고 가치 있게 생각하면 기대감을 갖고 추구할 수 있는 것이 많다. 올리버 웬델 홈스의 말로 표현하면 "70세가 되는 것은 때로 40세가 되는 것보다 더 설레고 희망적"일 수 있다.

성경에는 "너의 아버지와 어머니를 공경하라, 그러면 너의 주인이신 하느님이 너에게 준 땅에서 오래 살 수 있을 것이다" 라는 구절이 있다.

오늘날 부모나 노인을 공경하는 것과 장수를 누리는 것의 관계가 과학적으로 증명되고 있다. 노인들—부모나 다른 노인들—의 지혜를 존경하고 존중할 때, 그들의 이야기에 귀를 기울이며 그들의 경험을 배우고 더 나아가서 늙는 것에 대해 좀 더 잘 이해하게 된다. 그리고 연구 결과가 보여주듯이 노년을 긍정적으로 인식하면 더 오래 더 건강하게 살 수 있다.[2]

이제는 노화와 싸우는 데 투자하는 노력의 일부를 노년을 잘 보내기 위한 방향으로 돌려야 한다. 예를 들어, 화장품과 성형 수술에 쓰는 돈을 평생 학습 프로그램에 사용해야 한다.

오스카 와일드는 "젊은이는 젊음을 낭비한다"고 말했다. 나이 드는 것의 혜택을 이해하지 못하는 노인은 노년을 낭비한다고 말할 수 있다. 지금 나이가 20세든 80세든 여생을 자연의 순리와 싸우면서 보낼 것인지 아니면 포용할 것인지 선택해야 한다.

HAPPY TRAINING

인생 선배의 이야기 듣기

당신보다 나이가 많거나 어떤 분야에서 더 많은 경험을 한 사람들의 이야기를 들어보자. 그들에게서 무엇을 배울 수 있는가? 그들의 인생 경험—실패와 성공—에 대해, 그러한 경험에서 무엇을 배웠는지를 들어보자. 그들이 하는 이야기에 귀를 기울이자. 다른 사람들의 조언을 무조건 따르라는 것이 아니다. 경험을 통해서만 얻을 수 있는 지혜에 마음을 열고 귀를 기울여보자. 그러면 인생에 대해 많은 것을 배울 수 있을 뿐 아니라 노인들을 좀 더 이해할 수 있을 것이다. 또한 노년에 대해 좀 더 긍정적인 관점을 갖게 될 것이다.

아홉 번째 성찰.
행복한 척하지 말라

우리는 모두 신경증과 열등감을 느낀다.
하지만 다른 사람들은 그런 감정을 느끼지 않을 것이라고 생각한다.
이 때문에 자신의 감정을 철저히 숨겨버린다.
― 다이앤 애커먼 ―

19세기 빅토리아시대, 많은 변화와 발전이 있었다. 혁명은 밀려오는 파도처럼 정치뿐 아니라 우리의 일상적 관행–의상과 언어, 섹스와 예술에 접근하는 방식–에서 새로운 질서를 창조했다. 지난 세기의 변화를 간단하게 설명하자면 예전에는 지나치게 점잔을 뺐고, 지금은 지나치게 개방적이라고 말할 수 있다. 하지만 좀 더 가까이 들여다보면 실제로는 그다지 큰 변화가 일어나지 않은 것 같다.

우리는 선조들보다 자유롭고 활달해졌다고 자부하지만 그 발전은 피상적일 뿐이다. 우리는 몸을 노출하는 법을 배웠지만 마음은 여전히 숨기고 있고, 아무렇지도 않게 섹스에 대해 이야기하지만 진지한 사랑에 대한 이야기는 금기로 여긴다. 여름의 뉴욕거리에는 벌거벗은 육체들이 활보하지만 우리의 영혼은 은밀한 심리상담실에서만 옷을 벗는다. 우리는 감정적으로 소심해졌거나 아니면 여전히 소심한 채로 남아 있다.

19세기 영국과 뉴잉글랜드에서는 진정한 숙녀라면 감정을 감추고 욕망을 억제할 줄 알아야 했고, 진정한 신사라면 감정적으로 초연할 수 있어야 했다. 오늘날에도 많은 사람들, 특히 완벽주의자들은 감정적인 고통을 억누르거나 적어도 겉으로 행복하게 보이려고 노력한다.

긍정적인 감정이 물 흐르듯 계속되길 바라는 이러한 완벽주의 사고방식은 많은 불행을 야기한다. 무엇보다 고통을 감추고 미소를 짓고 용감한 표정을 짓는 법을 배운다. 그리고 다른 사람들이 여유로운 미소를 짓는 것을 보며 열등감을 느낀다. 사실 우리는 때로 슬픔이나 외로움을 느끼고 다른 사람들처럼 행복하지 못하다. 그런데도 못난이로 보이지 않기 위해, 분위기를 망치지 않기 위해, 부끄러운 감정을 드러내지 않기 위해 어릿광대로 분장하고 누가 안부를 물으면 윙크와 미소를 보내며 대답한다. "아주 잘 지내요." 그러고는 심리 치료사에게 달려가 슬픔에서 벗어나게 해달라고 호소한다. 우리는 모두 바보들의 행진에 합류해서 인간의 인간성을 부정하는 위대한 기만에 공모하고 있다.

심리치료사이자 컨설턴트인 브래드 블랜튼은 『Honesty, 정직이 주는 통쾌하고 후련한 삶』이라는 책에서 말한다. "우리는 모두 혼신의 힘을 다해 거짓말을 한다. 그러면서 기진맥진해진다. 거짓말은 스트레스의 주범이다. 거짓말은 사람을 죽인다."[1] 거짓말은 대부분의 사람에게 힘든 일이고(사이코패스는 예외), 거짓말 탐지기는 그런 원리를 이용한 것이다. 감정을 숨기면 감정을 억제하는 스트레스에 거짓말을 하는 스트레스까지 더해진다. 우리의 마음은 우리 자신이나 가까운 사람들에게 감정을 솔직하게 표현해야 편해지고 평온해진다.

독일에서 발표한 최근 보고서를 보면, 직업상 항상 미소를 지어야 하는 사람들이 우울증, 스트레스, 심혈관 질환, 고혈압에 걸릴 확률이 높다. 그래서 브라이언 리틀은 서비스 산업에 종사하거나 사람들을 만나는 일을 하고 있다면 '회복을 위한 틈새 시간'을 가질 것을 제안한다. 그 시간에 믿음직한 친구에게 자신의 감정을 이야기하거나 일기에 생각나는 것을 쓰거나 자기만의 방에서 혼자 시간을 보낼 수 있다. 감정적 기만에서 회복되기 위해서는 사람에 따라 10분이 걸릴 수도 있고 1시간이 걸릴 수도 있다. 그동안 가면을 벗고 진실해지고 일어나는 감정을 그대로 느끼는 것이 중요하다.

지금까지 긍정적인 독백을 하는 방법은 많이 소개되었다. 예를 들면, 의기소침할 때는 "나는 멋지다", 힘든 시기를 통과할 때는 "나는 강하다", 또는 매일 아침 거울 앞에서 "나는 매일 모든 면에서 점점 더 잘하고 있다"고 반복해서 말하라는 식이다. 하지만 이러한 자기 격려가 득보다 실이 많을 수 있다고 말하는 심리학자들이 있다. 안타깝게도, 우리가 느끼는 감정을 솔직하게 인정하는 진실한 독백의 효과에 대해서는 증명된 것이 없다. 그렇지만 확실히 기분이 우울할 때는 우리 자신이나 믿을 수 있는 사람에게 "나는 정말 슬프다", "나는 정말 괴롭다"라고 솔직하게 말하는 것이 "나는 강하다", "나는 행복하다"라고 선언하는 것보다 훨씬 더 도움이 된다.

감정을 억누르거나 가장하는 것은 우리 자신뿐 아니라 다른 사람들도 불행하게 만든다. 행복하지 않으면서 행복한 척하면 우울증을 부추긴다. 우리가 아주 잘 지내고 있는 것처럼 가장하면 상대방은 우리를 보면서 더욱 불행하게 느끼고 그 자신이 느끼는 고통 또한 숨기려고 한다. 우리가 감정을 숨기면 상대방도 감정을 숨기게 된다. 그리고 우리 역시 상대방의 웃는 얼굴을 보면서 더욱 불행하다고 느낀다. 그래서 모두 미소를 짓고 가식적인 말과 몸짓을 하면서 기만과 우울증에 빠져든다. 다른 사람의 고민을 듣고 기분이 좋아지는 심리는 인간의 어두운 면을 말해주는 것이라고 생각하는 사람들이 있다. 독일어에는 샤덴프로이데schadenfreude라는 단어가 있는데, 뮤지컬 「애비뉴 큐」에서 등장인물 게리 콜맨은 그 뜻을 "다른 사람들의 불행이 나의 행복"이라고 정의한다. 하지만 우리가 그렇게 느끼는 이유를 좀 더 관대하게 해석하자면, 나 혼자 고통을 느끼는 것이 아니라는 사실을 인식하기 때문이라고 말할 수 있다.

감정에 좀 더 마음을 열어야 한다는 말은 언제나 감정을 숨김없이 보여주라는 의미가 아니다. 감정을 드러내는 것이 적절하지 않거나 도움이 되지 않을 때가 있다. 따라서 우리는 감정을 여과없이 드러내는 것과 완벽히 감추는 것 사이에서 적절하게 표현해야 한다. 진심으로 "어떻게 지내느냐?"고 묻는 말에 "다소 슬프다", "다소 불안하다"고 이따금 솔직하게 말하는 것은 우리 자신이나 주위 사람들에게 위안을 주고 희망을 품게 할 수 있다. 허심탄회한 이야기를 부부간의 정담이나 심리상담 또는 익명성이 보장되는 사이버 공간에서나 할 수 있다면, 완벽한 가면은 숨 막히는 이사회나 할로윈 파티에서나 쓰는 것이 좋다.

빅토리아시대 이후 우리의 감정 표현이 쇠퇴했다고 주장하는 사람들이 있다. 정신과 의사인 줄리어스 휴셔는 감정을 드러내는 것을 경멸하는 세태를 탄식하면서 전설적인 프랑스 배우 모리스 슈발리에가 한 말을 인용한다. "예전에는 소녀들이 부끄러울 때 얼굴을 붉히곤 했는데 지금은 얼굴이 붉어지면 부끄러워한다." 우리는 감정을 숨기는 것을 마치 진보한 것처럼 여기며 가장하지 않아야 한다. 오히려 빅토리아시대의 관습에 대한 평가를 내릴 때처럼 진정한 진보를 해야 한다. 진정한 진보를 하기 위해서는 진실해져야 한다.

HAPPY TRAINING

마음의 문열기
다음과 같이 시작하는 문장을 적어도 여섯 가지로 완성해보자. 이것저것 따지지 말고 머리에 떠오르는 대로 최대한 빨리 완성한다. 다 썼으면 완성한 문장들을 읽으면서 생각나는 것을 글로 쓰고 행동에 옮긴다.

내 감정에 대해 5퍼센트 더 마음을 열기 위해서는…
내 감정에 대해 좀 더 마음을 연다면 …
내가 느끼는 두려움을 5퍼센트 더 인식한다면 …
나는 감정을 숨길 때마다…
5퍼센트 더 현실적이 되기 위해서는…

열 번째 성찰.
모르는 것, 모른다고 인정하기

평범한 것에서 기적을 보는 것,
그것이 지혜롭다는 확실한 증거다.
- 랠프 월도 에머슨 -

우리는 모르는 것을 두려워한다. 그래서 지난여름, 어젯밤, 또는 선사시대에 무슨 일이 일어났는지 필사적으로 알아내려고 한다. 다음 주에 무슨 일이 일어날 것인지, 지금부터 10년 뒤 또는 천 년 뒤 이 세상이 어떻게 될 것인지 궁금해한다. 현재에서 확실한 것을 추구하고, 현실을 정확하게 알고 싶어 한다. 나쁜 소식보다도 모르는 것을 두려워한다. 불확실한 진단은 종종 확실하게 부정적인 진단보다 우리를 더 두렵게 한다. 단순한 호기심을 넘어서 알고자 하는 욕망은 인간의 뿌리 깊은 실존적 욕구다. 아는 것이 힘이라면 모르는 것은 무기력이다.

우리는 신을 발견함으로써―어떤 사람들은 발명이라고 주장하는― 미지의 것에 대한 불안감을 덜어낸다. 전생이 일어나서 미래가 위협을 받을 때는 확신을 줄 수 있는 지도자를 추종한다. 환자는 의사를 우러러본다. 어린아이들은 불안감을 잠재워주는 어른을 전지전능하다고 생각하며 따른다. 하지만 자라면서 부모의 불완전함을 알게 되면 하느님, 권위자, 지도자로 대상을 바꾼다.

우리가 불안감을 느끼는 이유는 마음 한구석으로 우리가 모른다는 것을 알기 때문이다. 역사학, 고고학, 심리학은 인류나 개인의 과거를 완전하게 설명해주지 못한다. 내세에 대한 생생한 묘사, 점성술, 점괘는 내일이나 모레 무슨 일이 일어날지 분명한 그림을 보여주지 못한다. 잘 생각해보면 사실 우리는 현재 상황조차 제대로 알지 못한다.

이러한 불안감을 어떻게 극복할 것인가? 이때 종교가 도움이 된다. 그래서 일반적으로 신자들이 무신론자들보다 더 행복하다고 느낀다. 또한 분명한 규칙과 경계가 있는 그룹에 속해 있으면 어느 정도 불안감이 수그러든다. 뉴잉글랜드 의학전문지, 심리학회지, 유럽 고고학 저널 또는 과학 잡지의 최근호를 읽는 것도 밤잠을 좀 더 잘 잘 수 있는 방법이다. 그러한 전문지들은 모든 답을 갖고 있지는 않지만 분명히 일부는 알고 있다. 하지만 이런 것들로 불안감을 잠재우기는 충분치 않다.

그렇다면 어떻게 해야 할까? 우리는 때로 모른다는 사실을 인정해야 한다. 불확실한 세상을 좀 더 편안하게 느끼기 위해서는 불확실성을 포용해야 한다. 일단 우리의 무지함을 인정하면 우리 몸은 미지에 대한 불안감을 경외감과 경이로움으로 재구성할 준비가 된다. 세상과 우리의 삶을 기적으로 인식하는 법을 다시 배울 수 있다.

기적_{miracle}이라는 단어는 '경이로움'이라는 의미의 라틴어 'mirus'에서 유래했다. 동화나 과거, 성인들에게만 일어나는 불가사의한 현상이 아니라 우리에게 감탄과 경외심을 불러일으키는 것은 모두 기적이 될 수 있다. 자연은 그 자체로 하나의 기적이다. 랠프 월도 에머슨은 우리에게 상기시킨다. "만일 별들이 천 년에 한 번씩 밤하늘에 나타난다면 사람들이 어떻게 믿고 경배할 것인가. 또한 그들이 보았던 하느님의 도시에 대한 기억을 그토록 오래 보존할 수 있겠는가! 다행히 매일 밤마다 아름다운 별들이 나타나 우리를 안심시키는 미소로 우주를 밝힌다."

별, 나무, 동물, 모든 것이 신비로운 현상이고 기적이다. 우리가 글을 쓰고, 보고 느끼고 생각하는 것도 기적이다. 과거, 현재, 미래를 연결하는 시간의 실타래는 말로 설명할 수 없는 기적이다. 조지 버나드 쇼는 기적을 이렇게 이야기했다. "설명할 수 없는 현상이라는 의미의 기적은 사방팔방에서 우리를 둘러싸고 있다. 삶은 그 자체가 기적 중의 기적이다."

우리 자신이나 다른 사람들의 무지함을 받아들이고 포용하는 것은 패배주의가 아니다. 조직행위학자 칼 웨익은 「불신을 정당화하는 리더십 Leadership as the Legitimation of Doubt」이라는 논문에서, 크게 성공한 사람들은 불확실성을 포용하고 자신이 모른다는 사실을 인정하는 것을 두려워하지 않는다고 말한다.[1]

스스로 가장 현명한 사람이라고 자처한 소크라테스가 "나는 아는 것이 하나 있다. 그것은 내가 아무것도 모른다는 것이다"라고 말한 것처럼 불확실성을 수용하는 것은 멀리까지 가지 않아도 된다. 우리가 분명하고 확실하게 알고 있는 것들이 있다. 우리는 밤이 되면 별이 하늘에서 반짝인다는 것을 알고 있다. 이유는 알 수 없지만 나무는 햇빛과 물과 공기가 있으면 계속 자란다는 것을 알고 있다. 생명을 내 마음대로 할 수는 없지만 지금 내가 살아있다는 것은 알고 있다. 현재는 확실하게 존재하며 지금 여기서 나는 생각하고 고로 존재한다는 것을 알고 있다.

전반적이면서 선택적인 무지함을 취하는 건강한 접근방식은 우리가 아는 것을 인정하듯이 모르는 것을 인정하는 것이다. 우리는 우리가 알 수 있는 것들과 마찬가지로 알 수 없는 것들을 받아들여야 한다. 그러면 다음번에 갈림길에 섰을 때, 우리의 앞과 옆에 무엇이 있는지 완벽히 알지 못한다고 해서 두려워하는 것이 아니라 경외심을 갖고 접근하는 법을 배울 수 있다. 무엇보다, 우리 자신이 살아 있는 기적이다.

발길 닿는 대로 걷기

지금은 작고한 긍정심리학의 개척자 필립 스톤은 나에게 스승 이상의 존재였다. 사회과학에 대한 방대한 지식을 전달해주는 것을 넘어서 그는 언제라도 나를 위해 시간을 내서 상담과 지원을 아끼지 않았다. 그는 내가 되고 싶어 하는 스승의 역할모델이다.

1999년 어느 날 필은 나를 데리고 네브래스카 주 링컨에 가서 최초의 긍정심리학 지도자협회에 참석했다. 회의 이틀째 되는 날은 9월의 전형적인 날씨였다. 하늘에 뭉게구름이 떠 있고 따뜻하고 상쾌한 산들바람이 불었다. 오전 강의를 마치고 필이 내게 말했다.

"산책이나 할까?"

"어디로 갈까요?"

내가 물었다.

"그냥 걷는 거지."

그 말은 내게 인생에서 가장 중요한 교훈을 가르쳐주었다.

밖으로 나가 발길 닿는 대로 걸으면서 속도를 늦추고 세상의 풍요로움을 느끼고 음미하고 감상하자. 틈틈이 시간을 내서 고동치는 도시의 맥박, 마을의 평화로움, 바다의 광활함, 숲의 울창함을 느껴보자. 규칙적으로 걷는 시간을 의식으로 정하자.

헬렌 켈러는 숲에서 한참 동안 산책을 하고 돌아온 친구에게 무엇을 보았는지 물었다. 그러자 그 친구가 대답했다. "별로 본 거 없는데." 헬렌은 그때 느낀 감정과 교훈을 다음과 같이 기록해두었다.

숲에서 1시간 동안 산책하면서 아무것도 눈에 띈 것이 없다는 것이 의아했습니다. 나는 눈이 보이지 않지만 숲에서 수백 가지를 발견합니다. 나뭇잎의 섬세한 대칭, 매끄러운 자작나무 껍질, 거칠고 텁수룩한 소나무 껍질…. 눈이 보이지 않는 내가 눈이 보이는 당신들에게 한 가지 힌트를 주겠습니다. 마치 내일이면 아무것도 보이지 않을 것처럼 당신의 눈을 사용하십시오. 마치 내일이면 귀머거리가 될 것처럼 목소리의 음색을, 새의 노래를, 오케스트라의 웅장한 선율을 들어보십시오. 마치 내일이면 촉감을 잃어버릴 것처럼 모든 사물을 만져보십시오. 마치 내일이면 맛을 보지도 냄새를 맡지도 못할 것처럼 꽃의 향기를 맡아보고, 한 입 한 입 맛을 음미하십시오. 모든 감각을 최대한 활용하십시오. 세상이 우리에게 보여주는 모든 모양과 기쁨과 아름다움을 즐기며 기뻐하십시오.

나는 최적주의자다

하느님, 제가 변화시킬 수 없는 것을 받아들이는 평온함과
제가 변화시킬 수 있는 것을 변화시킬 수 있는 용기와
변화시킬 수 없는 것과 변화시킬 수 있는 것을 구분할 수 있는 지혜를 주십시오.
— 라인홀트 니부어 —

내 이름은 탈이고 나는 완벽주의자다.

완벽주의가 항상 내 삶의 일부로 남아 있을 것이라는 사실을 받아
들이면 마음이 편해진다. 그리고 역설적이지만, 완벽주의자가 완벽히
사라지지 않을 것이라는 사실을 인정하면 좀 더 최적주의자에 가까워
진다.

과거에 내가 기대했던 것처럼, 어느 순간 갑자기 완벽주의자가 최
적주의자로 변하면서 더 이상 실패와 고통스러운 감정들과 때로 성공
까지 거부하지 않게 되는 날이 오지는 않을 것이다. 하지만 우리 자신
이 부족하다는 사실을 받아들이고 아픈 감정들을 포용하며 지금까지
이룬 성취에 대해 자부심을 느끼고 감사하는 순간들을 점차 늘려갈
수 있다.

완벽주의와 최적주의는 서로 다른 존재 방식이 아니다. 또한 어느 한쪽을 선택해야 하는 것도 아니다. 우리 안에는 두 가지 특성이 공존하고 있다. 우리는 완벽주의에서 최적주의를 향해 갈 수 있지만 완벽히 완벽주의를 버리고 완전한 최적주의에 도달할 수는 없다. 이상적인 최적주의는 우리가 도달해야 하는 해안이 아니다. 저 멀리서 우리를 인도하고 있으나 결코 도달할 수 없는 별과 같다. 칼 로저스가 지적했듯이, 훌륭한 삶은 어떤 존재 상태가 아닌 과정이다. 목적지가 아닌 방향이다.[1]

나는 나의 완벽주의를 해결하겠다고 마음을 먹은 지 거의 20년이 흘렀지만 아직도 계속 고군분투하고 있다. 하지만 나의 노력은 시시포스와는 다르다. 확실한 발전이 있었고 내가 힘들어하는 문제도 시간이 가면서 변화했다. 요즘 나는 변화를 좀 더 즐길 수 있게 되었으며 인생의 부침을 받아들이면서 때로 경이로움을 느끼기도 한다. 완벽주의는 나의 일부이고 최적주의도 마찬가지다. 그리고 이제 나는 아리스토텔레스의 모순율을 위반하지 않고 말할 수 있다.

내 이름은 탈이고, 또한 나는 최적주의자다.

서문

1. Reported in Blatt(1995).

2. Burns(1980).

3. Hamachek(1978).

4. Frost의 연구진(1990)과 Hewitt과 Flett(1991)은 완벽주의를 다면적 구조로 기술하고 있다.

5. 이 정의는 1999년 지도적인 연구자들이 처음 소개한 긍정심리학 선언The Positive Psychology Manifesto에서 유래하고 있다. 완전한 정의는 다음과 같다. "긍정심리학은 최적의 인간 기능을 연구하는 학문으로, 개인과 공동체가 번영할 수 있는 요인들을 밝혀내서 육성하는 것을 목표로 한다. 긍정심리학 운동은 질병과 장애의 문제를 넘어서 심리적 건강의 근원에 초점을 맞추려는 심리학자들의 새로운 공약이다."

실패가 없으면 성공도 없다

1. Frost와 그의 연구진(1990)은 '실수에 대한 걱정'이 완벽주의의 한 가지 측면이라고 이야기한다.

2. Carson and Langer(2006).

3. Pacht(1984). Burns(1999)는 전부 아니면 전무라는 태도에 대해 광범위하게 이야기한다.

4. 사실 상대론자는 완전무결한 것은 절대로 있을 수 없다고 생각하는 일종의 완벽주의자다.

5. See Morling and Epstein(1997), as well as Swann et al.(1989).

6. Thoreau(2004).

7. Emerson(1983).

8. Frost et al.(1990), Flett et al.(1992), Flett and Hewitt(2002), Franco-Paredes et al.(2005), and Bardone-Cone et al.(2007).

9. Barnden(1994).

10. Bednar and Peterson(1995).

11. Blatt(1995).

12. Bardone-Cone et al.(2007).

13. Rogers(1961).

14. Reported in Bardone-cone et al.(2007).

15. Yerkes and Dodson(1908).

16. Gardner(1994).

17. Flett et al.(1992).

18. Koch(2005) and Mancini(2007).

19. Bem(1967).

20. Carson and Langer(2006).

21. 일지로 기록하는 것의 장점에 대해 좀 더 알고 싶다면 Pennebaker(1997)을 참고할 것.

약해질 수 있는 힘

1. See Wegner(1994) and Wenzlaff and Wegner (2000).

2. See Barlow and Craske(2006) and Craske et al.(2004).

3. Ricard(2006).

4. Williams et al.(2007).

5. Williams et al.(2007).

6. See Lyubomirsky(2007) and Ray et al.(2008).

7. Pennebaker(1997).

8. Branden(1994).

9. Kabat-Zinn(1990).

10. Rogers(1961).

11. Newman et al.(1997).

12. Calhoun and Tedeschi(2005).

13. Kuhn(1996).

14. Gibran(1923).

15. See Maslow(1993) and James(1988).

16. Worden(2008).

17. Emerson(1983).

18. Kabat-Zinn(1990).

19. Bennett-Goleman(2002).

완벽한 성공은 없다

1. Camus(1991).

2. Ackerman(1995).

3. James(1890).

4. Csikszentmihalyi(1998).

5. Locke and Latham(2002).

6. Collins(2001).

7. Hackman(2002).

8. Domar and Kelly(2008).

9. Nash and Stevenson(2005).

10. Reivich and Shatte(2003).

11. See Cooperrider and Whitney(2005).

12. See Emmons and McCullough (2003) and Emmons(2007).

13. Lyubomirsky(2007).

14. Kosslyn(2005).

15. Langer(1989).

16. Seligman et al.(2005).

백조를 동경하는 미운 오리가 되지 말라

1. Ackerman(1995).

2. Sowell(2007).

3. Pinker(2006).

4. Branden(1994).

5. Ginott(2003).

6. Nathaniel Branden(1994)의 저서 『The Six Pillars of Self-Esteem』에 나오는 것과 같이 좀 더 긴 문장 완성 프로그램을 사용할 것을 추천한다.

7. Langer(1989).

부모와 아이 모두 행복한 자녀교육법

1. Luthar et al.(2006).

2. Siegle and Schuler(2000).

3. Montessori(1995).

4. Rathunde and Csikszentmihalyi(2005a, b).

5. Winnicott(1982) and Winnicott(1990).

6. Smiles(1958).

7. Dweck(2005).

8. Dewey(2007).

9. Dewey(1997).

10. Collins(1990) and Collins(1992).

건강한 완벽주의자는 놀면서 일도 잘한다

1. Edmondson(1999).

2. Mark Cannon과 Amy Edmondson(2005)은 「학습 실패와 실패 학습(지혜로움): 위대한 조직은 어떻게 실패를 계기로 삼아 혁신과 개선을 이루는가」라는 논문을 공동으로 집필했다.

3. Edgar Scheine과 Warren Bennis(1965)는 처음으로 '심리적 안정성'이라는 용어를 사용했다. Edmondson은 그들의 아이디어를 개인적 수준에서 '팀의 심리적 안전성'으로 확장했다.

4. Cited in Cannon and Edmondson(2005).

5. Goleman et al.(2002).

6. McEvoy and Beatty(1989).

7. Cannon and Edmondson(2005).

8. Hurley and Ryman(2008).

9. Loehr and Schwartz(2001) and Loehr and Schwartz(2004)

완벽한 사랑은 존재하지 않는다

1. 대중적인 강사이자 작가였으며 서던캘리포니아대학의 교수였던 Leo Buscaglia가 한 말이다. 인간의 잠재력에 대한 Buscaglia의 연구는 매우 중요하고 가치 있지만, 이 말은 해로울 수 있다.

2. Gottman(2000).

3. Schnarch(1998).

4. Mill(1974).

5. Emerson(1983).

6. Burke(1898).

첫 번째 성찰 : 변화의 첫걸음

1. Langer(1989).

2. Nir(2008).

두 번째 성찰 : 왜곡된 생각을 제거하라

1. Tomaka et al(1997).

2. Carlson(1996).

세 번째 성찰 : 상대방의 입장이 되라

1. Rogers(1961).

네 번째 성찰 : 감정은 영혼의 표현이다

1. Wilson(2008).

다섯 번째 성찰 : 고통이 주는 놀라운 선물

1. Gyaltshen Rinpoche(2006).

2. Pennebaker(1997).

여섯 번째 성찰 : 나를 사랑하는 것이 먼저다

1. Ackerman(1995).

2. Davidson and Harrington(2001).

3. Leary et al.(2007).

일곱 번째 성찰 : 그럼에도 불구하고

1. Lyubomirsky(2007).

여덟 번째 성찰 : 나이 듦의 즐거움

1. Levy(2003) and Levy et al. (2002).

2. 화장품 제조업체인 도브는 안티에이징 운동에 도전하는 프로에이징 운동으로 큰 성공을 거두었다.

아홉 번째 성찰 : 행복한 척하지 말라

1. Blanton(2005).

열 번째 성찰 : 모르는 것, 모른다고 인정하기

1. Weick(2001).

맺음글

1. Rogers(1961).

- 다니엘 골먼·리처드 보이애치스·애니 맥키, 『감성의 리더십 』, 청림출판, 2003.
- 다이애나 위트니·데이비드 쿠퍼라이더, 『조직 변화의 긍정혁명』, 쟁이, 2009.
- 데이비드 번즈, 『우울한 현대인에게 주는 번즈 박사의 충고』, 문예출판사, 2009.
- 도널드 위니콧, 『놀이와 현실』, 한국심리치료연구소, 1997.
- 로버트 A. 이먼스, 『Thanks』, 위즈덤하우스, 2008.
- 리처드 코치, 『나만의 80/20 법칙 만들기』, 21세기북스, 2005.
- 리처드 해크먼, 『성공적인 팀의 5가지 조건』, 교보문고, 2006.
- 마크 맨시니, 『시간을 길들이는 기술』, 박영률, 2006.
- 마틴 셀리그만, 『긍정 심리학』, 물푸레, 2009.
- 마틴 셀리그만, 『학습된 낙관주의』, 21세기북스, 2008.
- 몬테소리, 『혼자 할 수 있도록 도와주세요』, 청목사, 1996.
- 미하이 칙센트미하이, 『몰입의 즐거움』, 해냄, 2007.
- 브래드 블랜튼, 『Honesty, 정직이 주는 통쾌하고 후련한 삶』, 한언, 2005.
- 새뮤얼 스마일즈, 『새뮤얼 스마일즈의 자조론』, 비즈니스북스, 2005.
- 소냐 류보머스키, 『How to be happy』, 지식노마드, 2007.
- 에드먼드 버크, 『프랑스 혁명에 관한 성찰』, 한길사, 2008.
- 에릭 G. 윌슨, 『멜랑콜리 즐기기』, 세종서적, 2010.
- 엘렌 랭거, 『예술가가 되려면』, 학지사, 2008.
- 윌리엄 제임스, 『심리학의 원리』, 아카넷, 2005.
- 존 고트맨, 『행복한 부부 이혼하는 부부』, 문학사상사, 2002.
- 존 듀이, 『경험과 교육』, 배영사, 1995.
- 존 듀이, 『민주주의와 교육』, 교육과학사, 2007.
- 존 스튜어트밀, 『여성의 예속』, 이화여자대학교출판부, 1986.
- 존 카밧진, 『마음챙김 명상과 자기치유』, 학지사, 2005.
- 짐 로허·토니 슈워츠, 『몸과 영혼의 에너지 발전소』, 한언, 2004.
- 짐 콜린스, 『좋은 기업을 넘어 위대한 기업으로』, 김영사, 2002.
- 칼 로저스, 『진정한 사람되기』, 학지사, 2009.
- 칼릴 지브란, 『예언자』, 물병자리, 2007.

- 타라 베넷 골먼, 『감정의 연금술』, 생각의나무, 2007.
- 탈 벤-샤하르, 『해피어』, 위즈덤하우스, 2007.
- 토머스 소웰, 『비전의 충돌』, 이카루스미디어, 2006.
- 토머스 쿤, 『과학혁명의 구조』, 까치, 2007.
- 하워드 가드너, 『열정과 기질』, 북스넛, 2004.
- 하임 G. 기너트, 『교사와 학생 사이』, 양철북, 2003.
- 하임 G. 기너트, 『부모와 아이 사이』, 양철북, 2003.
- 헨리 데이비드 소로, 『월든』, 팽귄클래식코리아, 2010.

- Ackerman, D. (1995). *A Natural History of Love.* Vintage.
- Bandura, A. (1997). *Self-Efficacy :* The Exercise of Control. W. H. Freeman and Company.
- Bardone-Cone, A. M., Wonderlich, S. A., Frost, R. O., Bulik C. M., Mitchell, J. E., Uppala, S., and Simonich, H. (2007). Perfectionism and Eating Disorders: Current Status and Future Directions. *Clinical Psychology Review,* 27, 384-405.
- Barlow, D. H., and Craske, M. G. (2006). *Mastery of Your Anxiety and Panic : Work book .* Oxford University Press.
- Bednar, R. L., and Peterson, S. R. (1995). *Self Esteem: paradoxes and Innovations in Clinical Theory and Practice.* American Psychological Association.
- Bem, D. J. (1967). Self-Perception: An Alternative Interpretation of Cognitive Dissonance Phenomena. *Psychological Review,* 74, 183-200.
- Bem, D. J. (1996). Exotic Becomes Erotic: A Developmental Theory of Sexual Orientation. *Psychological Review,* 103, 320-335.
- Blatt, S. J. (1995). The Destructiveness of Perfectionism: Implications for the Treatment of Depression. *American Psychologist,* 50(12), 1003-1020.
- Braden, N. (1994). *The Six Pillars of self-Esteem.* Bantam Books.
- Burns, D. (1980, November). The Perfectionist's Script for Self Defeat.
- *psychology Today,* 34-57.
- Calhoun, L. G., and Tedeschi, R. G. (2005). *The Handbook of Posttraumatic Growth: Research and Practice.* Lawrence Erlbaum Associates.
- Camus, A. (1991). The Myth of Sisyphus and Other Essays. Vintage.
- Cannon, M. D., and Edmondson, A. C. (2005). Failing to Learn and Learning to Fail (Intelligently): How Great Organizations Put Failure to Work to Innovate and Improve. *Long Range Planning,* 38, 299-319.
- Carlson, R. (1996). *Don't Sweat the Small Stuff... and It's all Small Stuff.* Hyperion.
- Carson, S. H., and Langer, E. J. (2006). Mindfulness and Self Acceptance. *Journal of Rational-Emotive and Cognitive-Behavior Therapy,* 24, 29-43.
- Cavafy, C. P. (1992). *Collected Poems.* Translated by Edmund Keeley and Philips Sherrard Edited by George Savidis. Princeton University Press.

- Collins, M. (1990). *The Marva Collins' Way.* Tarcher.

- Collins, M. (1992). *Ordinary Children, Extraordinary Teachers.* Hampton Roads.

- Craske, M. G., Barlow, D. H., and O' Leary, T. L. (2004). *Mastery of Your Anxiety and panic: Client Workbook.* Oxford University Press.

- Davidson, R. J., and Harrington, A. (2001). *Visions of Compassion: Western Scientists and Tibetan Buddhists Examine Human Nature.* Oxford University Press.

- Dawes, R. M. (1996). *House of cards: Psychology and Psychotherapy Built on Myth.* Free Press.

- Domar, A., and Kelly, A. L. (2008). *Be Happy Without Being Perfect: How to Break Free from the Perfection Deception.* Crown.

- Dweck, C. S. (2005). *Mind-set: The New Psychology of Success.* Ballantine Books.

- Edmondson, A.(1999). Psychological Safety and Learning Behavior in Work Teams. *Adiministrative Science Quarterly,* 44, 350-383.

- Emerson, R. W. (1983). *Emerson: Essays and Lectures.* Library of America.

- Emmons, R. A., and McCullough, M. E. (2003). Counting Blessings Versus Burdens: An Experimental Investigation of Gratitude and Subjective Well-Being in Daily Life. *Journal of Personality and Social Psychology,* 88, 377-389.

- Flet, G. L., Blankstein, K. R., Hewitt, P. L., and Koledin, S. (1992). Components of Perfectionism and Procrastination in College Students. *Social Behavior and Personality,* 20, 85-94.

- Flett, G.L., and Hewitt, P. L. (2002), *Perfectionism: Theory, Research, and Treatment.* American Psychological Association.

- Franco-Paredes, K., Mancilla-Diaz, J. M., Vazquez-Arevalo, R., Lopez-Aguilar, X., and Alvarez-Rayon, G. (2005). Perfectionism and Eating Disorders: A Review of the Literature. *European Eating Disorders Review,* 13, 61-70.

- Frost, R. O., Marten, P., Lahart, C., and Rosenblate, R. (1990). The Dimensions of Perfectionism. *Cognitive Therapy and Research,* 14, 449-468.

- Gyaltshen Rinpoche, K. K. (2006). *Transformation of Suffering.* Vajra.

- Harnach, D. C. (1978). Psychodynamics of Normal and Neurotic perfectionism. *Psychology,* 15, 27-33.

- Hewitt, P. L., and Flett, G. L. (1991). Perfectionism in the Self and Social Contexts: Conceptualization, Assessment, and Association with Psychopathology. *Journal of Personality and Social Psychology,* 60, 456-470.

- Hurely, R. F., and Ryman, J. (2008). Making the Transition from Micromanager to Leader. *Organization Dynamics,* manuscript under review.

- James, W. (1988). *William James: Writings* 1902-1910. Library of America. *Kabat-Zinn, J. (2003).* Mindfulness-Based Interventions in Context: Past, Present, and Future. *Clinical Psychology,* 10(2), 144-156.

- Kosslyn, S. M. (2005). Reflective Thinking and Mental Imagery: A Perspective on the Development of Posttraumatic Stress *Disorder. Development and Psychopathology,* 17, 851-863.

- Langer, E. J. (1989). *Mindfulness.* Addison-Wesley.

- Langer, E. J. (2005). *On Becoming an Artist: Reinventing Yourself Through Mindful Creativity.* Ballantine Books.

- Leary, M. R., Tate, E. B., Adams, C. E., Allen, A. B., and Hancock, J. (2007).

- Self-Compassion and Reactions to Unpleasant Self-Relevant Events: The Implications of Treating Oneself Kindly. *Journal of Personality and Social Psychology,* 92, 887-904.

- Levy, B. R. (2003). Mind Matters: Cognitive and Physical Effects of Aging Self- Stereotypes. *Journal of Gerontology,* 58, 203-211.

- Levy, B. R., Slade, M. D., Kunkel, S. R., and Kasl, S. V. (2002). Longevity Increased by Positive Self-Perceptions of Aging. *Journal of personality and Social Psychology,* 83, 261-270.

- Locke, E. A., and Latham, G. P. (2002). Building a Practically Useful Theory of Goal Setting and Task Motivation: A 35-Year Odyssey. *American Psychologist,* 57(9) 705-717.

- Loehr, J., and Schwartz, T. (2001, January). *The making of a corporate Athlete.* Harvard Business Review, 120-128.

- Luthar, S. S., Shoum, K. A., and Brown, P. J. (2006). Extracurricular Involvement Among Affluent Youth: A Scapegoat for "Ubiquitous Achievement Pressures" ? *Developmental Psychology,* 42, 583-597.

- Maslow, A. H. (1993). *The Farther Reaches of Human Nature.* Penguin.

- McEvoy, G. M., and Beatty, R. W. (1989). Assessment Centers and Subordinate Appraisals of Managers: A Seven Year Longitudinal Examination of Predictive Validity. *Personnel Psycology,* 42, 37-52.

- Morling, B., and Epstein, S. (1997). Compromises Produced by the Dialectic Between Self-Verficatio and Self-Enhanacement. *Journal of Personality and Social Psychology,* 73, 1268-1283.

- Nash, L., and Stevenson, H. (2005). *Just Enough: Tools for Creating Success in Your Work and Life.* Wiley.

- Newman, L. S., Duff, K. J., and Baumeister, R. F. (1997). A New Look at Defensive Projection: Thought Suppression, Accessibility, and Biased Person Perception. *Jornal of Personality and Social Psychology,* 72, 980-1001.

- Nir, D. (2008). *The Negotiational Self : Identifying and Transforming Negotiation Outcomes Within the Self.* Dissertation, School of Business, Hebrew University.

- Pacht, A.R. (1984). Reflections on Perfection. *American Psychologist,* 39, 386-390.

- Pennebaker, J. W. (1997). *Opening Up.* Guilford Press.

- Peterson, C. (2006). *A Primer in Positive Psychology.* Oxford University Press.

- Pinker, S. (2006, Spring). The Blank Slate. *The General Psychologist,* 41, 1-8.

- Rathunde, K., and Csikszentmihalyi, M. (2005a). The Social Context of Middle School: Teachers, Friends, and Activities in Montessri and Traditional School Environments. *Elementary School Journal,* 106, 59-79.

- Rathunde, K., and Csikszentmihalyi, M. (2005b). Middle School Students' Motivation and Quality of Experience: A Comparison of Montessori and Quality of Experience: A Comparison of Montessori and Traditional School Environments. *American Journal of Education,* 111, 341-371.

278

- Ray, R. D., Wilhelm, F. H., and Gross, J. J. (2008). All in the Mind's Eye? Anger Rumination and Reappraisal. *Journal of Personality and Social Psychology,* 94, 133-145.

- Reivich, K., and Shatte, A. (2003). *The Resilience Factor: 7 Keys to Finding Your Inner Strength and Overcoming Life's Hurdles.* Broadway.

- Ricar, M. (2006). *Happiness: A Guide to Developing Life's Most Important Skill.* Little, Brown and Company.

- Scheine, E. H., and Bennis, W. (1965). *Personal and organizational Change via Group Methods.* Wiley.

- Schnarch, D. (1998). *Passionate Marriage Keeping Love and Intimacy Alive in Committed Relationships.* Owl Books.

- Seligman, M. E. P., Park, N., and Peterson, C. (2005). Positive Psychology Progress: Empirical Validation of Interventions. *American Psychologist,* 60, 410-421.

- Siegle, D., and Schuler, P. A. (2000). Perfectionism Differences in Gifted Middle School Students. *Roeper Review,* 23, 39-45.

- Sowell, T. (2007). *A Conflict of visions : Ideological Origins of Political Struggles.* Basic Books.

- Swann, W. B., Pelham, B. W., and Krull, D. S. (1989). Agreeable Fancy or Disagreeable Truth? Reconciling Self-Enhancement and Self-Verification. *Journal of Personality and Social Psychology,* 57, 782-791.

- Tomaka, J., Blascovich, J., Kibler, J., and Ernst, J. M. (1997). Cognitive and Physiological Antecedents of Threat and Challenge Appraisal. *Journal of Personality and Social Psychology,* 73, 63-72.

- Wegner, D. M. (1994). *White Bears and Other Unwanted Thoughts: Suppression, Obsession, and the Psychology of Mental Control.* Guilford Press.

- Weick, K. E. (1979). *The Social Psychology of Organizing.* McGraw-Hill.

- Weick, K. E. (2001). Leadership as the Legitimation of Doubt. In W. Bennis, G. M. Spreitzer, and T. Cummings (eds.), *The Future of Leadership: Today's Top Thinkers on Leadership Speak to the Next Generation,* 91-102. Jossey-Bass.

- Wenzlaff, R. M., and Wegner, D. M. (2000). Thought Suppression. *Annual Review of Psychology,* 51, 59-91.

- Williams, M. G., Teasdale, J. D., Segal, Z. V., and Kabat-Zinn, J. (2007). *The Mindful Way Through Depression: Freeing Yourself from Chronic Unhappiness.* Guilford Press.

- Winnicott, D. W. (1990). *Home Is Where We Start From: Essays by a Psychoanalyst.* Norton & Company.

- Worden, J. W. (2008). *Grief Counseling and Grief Therapy: A Handbook for the Mental Health Practitioner, Fourth Edition.* Springer Publishing Company.

- Yerkes, R. M., and Dodson, J. D. (1908). The Relation of Strength of Stimulus to Rapidity of Habit-Formation. *Journal of Comparative Neurology and Psychology,* 18, 459-482.

완벽주의자를 위한
행복 연습

초판 1쇄 인쇄	2024년 1월 15일
초판 1쇄 발행	2024년 1월 25일
지은이	탈 벤 샤하르
펴낸이	우세웅
책임편집	장보연
기획편집	김은지, 김휘연
표지 디자인	김세경
본문 디자인	이선영
종이	페이퍼프라이스㈜
인쇄	㈜다온피앤피
펴낸곳	슬로디미디어
신고번호	제25100-2017-000035호
신고연월일	2017년 6월 13일
주소	경기도 고양시 덕양구 청초로66, 덕은리버워크 지식산업센터 A동 15층 18호
전화	02)493-7780
팩스	0303)3442-7780
전자우편	wsw2525@gmail.com (원고투고·사업제휴)
홈페이지	slodymedia.modoo.at
블로그	slodymedia.xyz
페이스북·인스타그램	slodymedia
ISBN	979-11-6785-174-1 (03190)